社會人金融經濟通識課

誰も教えてくれないお金と経済のしくみ

森永康平
KOHEI MORINAGA
金融教育家／經濟分析師

胡毓華——譯

什麼是金融常識？

●錢是怎麼創造出來的呢？

人生在世，肯定無法避免與某個東西打交道。

那就是「金錢」。

那麼，你知道錢是怎麼創造出來的嗎？

各位思考過這個問題嗎？

或許各位已經記不得自己什麼時候學過這些內容了，所以我們就來快速地複習一下吧。說不定會讓你回想起許多學過的內容，驚呼：「好像是這樣欸。」

在一個還不存在金錢的時代，住在山上的人帶著打獵而來的獸肉，下山前往海邊。另一方面，住在海邊的人則是帶著捕撈來的鮮魚，往山林的方向出發。

這是為何呢？

因為，他們要用自己打獵來的肉跟捕撈來的魚，跟其他人交換食物。不過，他們未必能夠馬上就遇到想要交換肉跟魚肉的人。

「有沒有人想要肉～？」

「有沒有人想要魚～？」

只是，在他們尋找想要得到魚肉或獸肉的對象時，手上的魚肉或肉也慢慢腐壞了。因此，這些想要用自己手上的魚肉或獸肉交換與其他人交換食物的人，就會互相約定：「某一天的這時間，我們就在這個地方見面吧。」這就是現今的**「市場」的起源**。

在那之後，隨著時間的流轉，稻米從中國傳到日本。所以，人們以物易物的物品不再是獸肉或魚肉，而是更耐儲存的稻米。後來，人們用來交換的物

品又慢慢地改成貝殼、石頭、布匹等等。這就是**「貨幣」的起源**。

更後來，像是黃金等等本身即具有價值的貴金屬，逐漸取代了這些物品貨幣，但由於以貴金屬鑄造的硬幣本身即具有價值，所以可能會有人偷偷地從硬幣上頭刮取一部分的金屬，或是由於長期使用，而導致硬幣逐漸損耗。因此，人們使用的貨幣又漸漸地從硬幣走向了紙幣。

於是，**紙幣便逐漸變成一種能夠與貴金屬兌換（交換）的機制。**

當常識不再是常識的瞬間

各位有什麼想法嗎？

以上所敘述的細節部分或許與各位以前學過的內容有些出入，但關於金融教育當中「基礎中的基礎」，也就是「錢是怎麼來的」這個問題，已經是一般人都知道的常識。

不過，如果像前面所講的一樣，我們都認為貨幣機制的成立是能夠與黃金等金屬兌換為前提，那麼各位不覺得這樣好像無法說明現今的狀況嗎？

美國確實曾有一段時期保證美金可兌換黃金，美金更成為了全世界的關鍵貨幣，顯示出美金的強大存在感。

只是，由於越南戰爭造成美國的軍事費用遽增，再加上其他因素，最終造成美國財政惡化。結果，美國的黃金大量向外輸出，導致美金無法兌換黃金，美國最終於一九七一年宣布停止以美元兌換黃金。最後，便導致美元劇烈貶值（尼克森衝擊）。

現在，即使拿著美元到美國的銀行，也兌換不到同等價值的黃金。不過，美金至今依舊是世界的關鍵貨幣，並且在世界各國流通。

這又是為何呢？

在金融與貨幣的世界裡，除了這個問題之外，其實還存在著許多我們一直以來都這麼認為，但只要仔細一想，就會覺得似乎有些奇怪的常識。

例如：日本的財政狀況不善，每一位國民所背負的欠債將近1000萬日

圓，而要解決這個狀況的話，就必須增加消費稅等稅金的稅率。

不過，**為什麼「國家的欠債」會變成「國民的欠債」呢？**

當某個人背負債款時，應該就會有另一個人的資產增加。那麼，這時增加資產的人又是誰呢？

像這樣冷靜地去思考我們從前都以為是常識的事情、從前學到的事情，就會開始不懂為什麼我們會將這些事情都視為常識。

正因為如此，我才認為每個人都必須要培養出正確的金融知識與教養。

●因為避而不談，才會為錢所苦

我希望能在日本普及金融教育，而創立了Manene股份有限公司，自創立以來已經過了三年。

不曉得為何在日本只要一提到金融教育，就會有許多人誤以為這是在教人如何投資，但我所認為的金融教育其實還包含更多的內容。

投資不過是金融教育的其中一項。金融教育還包括如何節約理財、保護自己免於詐欺等等，也包含學會關於會計或經濟的相關知識。

但在當今社會，有許多人都對金錢沒什麼好印象，光是出現投資這兩個字，就覺得很危險、準沒好事。

最近，就連小學也開始教起英語或程式語言，但在我還是小學生的時候，課表上可沒這些課程。學習各方面的知識當然很好，但我不覺得每個人在將來都一定會使用英文或程式語言。

另一方面，**只要活在這世上，任何人都免不了要跟錢打交道，只是現今的日本卻依然沒有關於金融的教育課程。**

連小孩子都會獲得零用錢或是壓歲錢，也可能打工賺取薪水，然而**學校卻不教導這些孩子關於金融的知識。**

在金融常識瞬息萬變的現代社會裡，絕對不能就這麼算了。

這本書會說明關於金融以及貨幣流通的經濟架構，我會從符合當今時代的角度，並據我所知道的一切知識，同時加入豐富大量的數據，寫下讓大人也能向小孩解釋清楚的內容。

第一章，我會帶出關於浪費或奢侈等等各位比較常見的常識，同時介紹**「用錢」、「存錢」、「增加財富」等等關於金錢的基本概念。**

在接下來的第二章，我會論述**關於賺錢這回事**。希望各位都能夠跟著我一起想一想，如何在這個勞動方式愈來愈多元化的現代社會裡賺到錢。

第三章則要來看看**關於我們未來的錢**。就將來的必要花費、能夠獲得的金錢等等，一起思考一下我們應該要怎麼做，才能存到錢呢？

第四章要從副業收入以及詐欺被害等方面，思考**關於貨幣的未來趨勢**，例如：愈來愈普遍的無現金交易模式等等。

最後的第五章，則會帶進最新的經濟理論，介紹關於貨幣流通的世界經濟架構。

此外，在各章節的各個小節當中，也設計了一些關於貨幣以及金融相關的小問題。希望帶給各位的不只是關於貨幣的知識，還能提供各位一些思考的機會。

本書以「金融」為主軸，從圍繞在我們日常生活的事物，到國家級的金融經濟，網羅了豐富多樣的內容。因為，**若要具備與我們切身相關的貨幣知識，就必須要從各式各樣的觀點去思考「金融」**。

若讀完這本書的您能夠掌握最新的金融知識及教養，並且將這些內容轉化為您自身的知識，那絕對是金融教育的推廣者最感到欣慰的一件事。

那麼，就請您放輕鬆地翻開下一頁。開心地學習金融的知識吧。

2章 請告訴我要怎麼賺錢

3章 該怎麼做才能存下未來的錢呢？

4章 請告訴我未來的金融趨勢

5章 錢在這世上究竟是如何流動的呢？

除特別標示以外，本書記載之資訊皆以２０２１年４月時的資訊為準。

1 章

了解「用錢」、「存錢」、「增加財富」的基本金融知識！

1 sho 01

亂花錢與謹慎用錢的差別在於？

●我們總是需要做出選擇

以前在拿到壓歲錢或零用錢時，大人是不是都會說：「不可以亂花錢喔！」或是「這個要用來買必要的東西喔！」之類的話呢？

這些話本身並沒有錯，而且也完全沒有問題。

不過，大人對著拿到零用錢或壓歲錢的孩子說這些話，等於是一開始就在叮囑他們要把錢存起來，**所以大部分的人都在不知不覺之間被灌輸了存錢才是對的**、**花錢是不好的觀念**。實際上，比起歐美國家的人，日本人確實更常以現金或存款的形式持有個人資產（貨幣、房地產或股票等財產）。

在我成立Manene這間專為推廣兒童金融教育的公司時，曾研究過美國的金融教育教科書，這本教科書是用在五歲以下的孩童（學齡前孩童）的金融教育。

當時最讓我驚訝的，是「**Opportunity Cost**」這個單字在這本教科書裡面出現了好幾次。這個單字翻譯成中文即為「機會成本」，聽起來似乎有些困難，但其實它的意思非常簡單。

舉例來說，假設我們得到了１００日圓。如果用這筆錢去買１００日圓的糖果，我們持有的錢就會歸零；但如果我們把這筆錢存起來的話，下一次再拿到１００日圓時，加起來總共有２００日圓，所以我們就能夠買到比１００日圓的糖果更加昂貴的糖果了。

我在這裡想表達的，並不是這兩個行為「哪個才是正確」，而是想告訴各位，我們經常必須做出抉擇。把錢用來買１００日圓的糖果，與把錢存起來，之後用來買２００日圓的糖果，你會選擇哪一個呢？

我們不可能同時做到這兩件事，所以必須從在這之間做出抉擇。因此，我們就會選擇「自己覺得滿足程度最高的那一個」。這時，**滿足度最高的選項與其他選項之**

間的滿足度落差，就是所謂的「Opportunity Cost（機會成本」）」。美國給學齡前孩童使用的教科書裡面，竟然出現了這麼高難度的單字，您說驚不驚訝？

●日美的金融教育差別在於？

在日本，從小就接觸金融教育的機會可說是微乎極微，不過日本的家庭通常都會給小孩子存錢筒，讓他們把錢存起來。我家當然也是讓小豬**存錢筒**（註1）保管自己的零用錢。那麼，有個問題要來考考各位。

問題

在美國，大人給小孩子的存錢筒上都會有四個存錢孔，而且每個洞都寫了不同的存錢目標。請問，這四個目標分別是什麼呢？

動腦想一想這四個目標，看你可以想到什麼。

為什麼要把錢放進存錢筒呢？日本的小豬存錢筒通常都只有1個存錢孔，所以各位若不稍微動腦想一想的話，可能會想不出這4個目標究竟是什麼喔。

（註1）**存錢筒**
亞洲最早的存錢筒是自中國雲南省的滇王一族的墓葬所出土的「貯貝器」，出現在距今約兩千一百年前左右的西漢時期。貯貝器為青銅製的圓筒狀，是用來貯存當時的貨幣「子安貝」的容器。

想出答案了嗎？我來公布正確解答，這四個目標分別是「**Spend**」（花費）、「**Save**」（儲蓄）、「**Invest**」（投資）、「**Donate**」（捐獻）。

或許各位都很快地想出前面兩個答案，但應該也有很多人想不出其他兩個答案是什麼吧。有許多日本人至今從未做過投資，可能也沒辦法馬上就想到這個選項。不僅如此，我想對於不習慣捐款給他人的日本人而言，大概也有許多人壓根沒想過捐獻這個選項。

光是從小豬存錢筒的存款選項，也能看出日本與美國對於孩童的金融教育有著極大的差別。

●那樣做真的很浪費錢嗎？

當我們獲得錢的時候，就會面臨花費、儲蓄、投資與捐獻等抉擇，選擇其中一項，就必須放棄其他的選項。

換言之，並不是說花錢就該死，只有存錢才是對的，而是**我們應該要從這些選項當中，選出自己覺得最好的那一個**。我們具備這樣的思維主軸以後，就能夠在用錢時判斷這是不是浪費的行為了。

比如說，不管是誰都應該曾經因為一時衝動，而買過某些不必要的東西。這樣的舉動明顯地就是一種浪費錢的行為。

不過，有些我們可能覺得是浪費的行為，在某些情況下也不全然是如此。例如：許多人都覺得搭計程車是一件很奢侈又浪費錢的事，但如果搭計程車可以縮短交通時間，或減少通車帶來的疲勞感，那麼搭乘計程車這件事就未必是一種浪費的行為。

另外，也有人認為喝酒聚會或是交際應酬（公事上的喝酒聚會）很傷荷包，但透過這些聚會或應酬所建立的人脈，有時或許有助於我們的事業工作，也有可能因為參加這些聚會或應酬，而找到了將來創業時願意一同打拼奮鬥的夥伴。

也有一些人認為把花錢治裝打扮很浪費又奢侈。不過，要是在企業高層出席的聚會上穿得太過邋遢寒酸的話，會讓人瞧不起吧。所以，將自己的外表打理得整潔又得體可是一件重要無比的事。這就是所謂的自我投資（對自己的投資），有助於自滿足程度最高的選擇是？

Opportunity Cost＝機會成本

己在未來賺到更多的錢，我想這麼說一點也沒錯吧。

我們很容易不自覺地將儲蓄當成是美德（好的事情），但當各位獲得錢的時候，一定要記得「機會成本」這四個字。

希望各位都能夠記住，除了儲蓄之外還有其他的選擇，思考一下哪個選項的滿足程度最高，以此作為你在行動時的判斷基準。

哪些行為是所謂的奢侈呢？

●對於貨幣抱持負面印象的日本人

我曾經研究過為什麼日本人對於有錢這件事沒有好感。當時，我看了一段大約是三百年前的落語（類似單口相聲的傳統表演藝術），裡面提到「教養差的人開口閉口就是錢，有教養的人則對金錢不屑一顧」。

我當時只有追溯至三百年前左右的資料，但說不定在更早的文獻裡，還有類似的內容。有一點可以確定，那就是日本人起碼從三百年前就有這樣的價值觀，直至今日。我們在看漫畫或電影時，確實也經常看到主角的人物設定都是出身貧困的家庭，而壞人通常都是有錢人。

我自己本身也是個土生土長的日本人，所以我也發現自己的價值觀在不知不覺之間，就覺得過著簡樸節約的生活才是美德，不應該過著奢侈鋪張的生活。不過，我之前有幸與那些被一般人稱為富豪的**富裕階層**（註2）聊天時，有個人這麼說：

「日本人都把有錢人視為眼中釘，但如果我自己的生活都不算富裕了，手上又沒有閒錢的話，對別人的事也是愛莫能助啊。」

要是自己本來就只能勉強過活的話，想要幫助有金錢困難的人確實也是心有餘而力不足。

這時我再次體悟到有錢並沒有錯，重要的是要怎麼運用這些財富。

●實際上必須擁有多少錢才行？

那麼，所謂的奢侈，指的是哪些行為呢？

我查了一下字典，字典的說明如下：

（註2）**富裕階層**
意即所謂的富豪。根據野村綜合研究所的調查，日本擁有1億日圓以上資產的富裕階層約有133萬個家庭，自二〇一二年安倍政權實施安倍經濟學以來，這樣的富裕階層仍持續在增加。

超出實際生活所需的不必要開銷。如：「奢侈使人毀滅」、「過著奢侈的日子」。或指消耗大量費用。如：「建造奢侈的房屋」。

出自《岩波國語辭典 第七版 新版》

並沒有明確的界線能夠劃分出何謂奢侈的行為，但根據字典上的說明，指的應該就是嚴重超出維持最低限度生活所需的部分吧。

比如說，今天想要去吃高級的壽司料理、假日打算出國旅遊等等，這些行為也許都符合所謂的奢侈。那麼，這裡有個問題要考考你們。

問題

一對夫妻若希望晚年能夠過著豐衣足食的生活，那麼每個月除了最低必要生活費用以外，還必須準備多少錢才足夠呢？

1 7萬日圓
2 14萬日圓
3 21萬日圓

順帶一提，根據公益財團法人生命保險文化中心公布的「二〇一九年度 生活保障相關調查」，夫妻兩人在晚年的生活中，每個月的日常生活費用最少需要22·1萬日圓。

那麼，這個問題的答案是哪一個呢？根據同一份調查，答案為②14萬日圓。換言之，一對夫妻若希望在晚年的退休生活中過著豐衣足食的生活，那麼每個月就必須準備22·1萬日圓＋14萬日圓，也就是36·1萬日圓。

●我們不能夠奢侈度日嗎？

若說這樣豐衣足食的生活是一種奢侈，那是不是就應該禁止呢？我覺得，想吃什麼就吃什麼，想去哪裡就去哪裡，是一種非常棒的生活。

若要像這樣過得隨心所欲，我們確實就必須擁有相對程度的財富。

不就是因為這樣，我們才會努力地工作賺錢，或是為了獲得更高的薪水，而投資自己並取得證照，努力地培養人脈等等。而且，當我們能過上不愁吃穿的日子時，就有餘力給予他人經濟上的援助，也能出錢請別人吃飯，讓對方感到歡喜。

大家肯定都知道《哆啦A夢》這部卡通。其中有個角色叫做**小夫**（註3），他是個生在有錢人家的男孩。小夫常常跟別人炫耀爸媽買給他的玩具，只要大雄想要跟小夫借來玩，他就會故意排擠大雄，不讓他玩。

小時候，我每次看見小夫這樣欺負大雄，都會覺得怎麼會有這麼不可思議的事情，心想：「小夫真是個討厭鬼。還不是因為他爸媽有錢，才會買這麼多玩具給他，要是他願意分享的話，朋友們一定都喜歡跟他玩……。」

總之，有錢並不是一件錯事，而是有錢的人不能仗著自己的環境比別人好，就像這樣惡意地欺負別人。

這樣的情況其實不只存在動畫當中。自從出社會以後，我也曾與許多的有錢人聊過天。他們有些人的父母是地主，有些人則是將自己創立的事業賣給大公司，在三十幾歲就賺進了巨額的財富。其中，也有一些人的個性因為金錢而受到了影響。

（註3）**小夫**

全名叫骨川小夫，根據多拉A夢的人物介紹，小夫的個性是「因為家裡有錢，總是很驕傲」，將來的夢想是「時裝設計師」。在小夫的介紹當中，敘述小夫「是大雄的同班同學，善於奉承胖虎」。

擁有再多都不滿足

我的父親以前經常對我說的一句話就是「**財富猶如海水**」。就像海水喝得愈多，就會覺得愈加口渴一樣，有些人一旦體驗過金錢的魔力以後，就變得貪得無饜，甚至不惜做出違法的事，也要獲得更多的財富。這麼一想，我覺得**正確來說，金錢本身並沒有錯，只是它會使人暴露出本性**。

無論如何，我希望正在閱讀這本書的各位讀者都能夠理解，我們並不需要仇視金錢，而是要將重點擺在人性才對。

1 sho
03

存錢與借錢

●活期存款與定期存款的利息差異從何而生？

各位應該都曉得，要在銀行開立存款帳戶時，存款帳戶通常也會分為好幾種，像是活期存款或**定期存款**（註4）等等。通常在銀行分行的牆壁上都會張貼海報，櫃檯或桌子也會放置廣告手冊，有時銀行員也會說明帳戶之間的不同。在這個超低利率的時代裡，或許各位還是搞不太懂各種存款帳戶之間的差異，但一般來說，銀行設定的定期存款利率通常都會高於活期存款的利率。

現在，巨型銀行的活期存款利率為「每年0.001％」，定期存款則是「每年0.002％」，兩者之間目前幾乎沒有什麼差別，但通常會差得更多一點。比如說，

（註4）**定期存款**
存入帳戶以後，在一定的期間內都不會提領的存款。一九九〇年代初期的定期存款利率約為7％，只要十年的時間，存款就會變成兩倍。

2000年的活期存款利率為每年0.10%，定期存款的利率為每年0.22%。

為什麼同樣都是存款，利率卻不一樣呢？

活期存款是隨時都可以提領的存款，而把錢放進定期存款時，都設定一個存款期間，原則上在這段期間內都必須持續維持帳戶內的存款。定期帳戶裡的存款並不是完全不能提領，但如果提前解除定期存款，適用的利率就會低於當初所設定的利率。

也就是說，當我們要在銀行存款時，也必須抉擇要以隨時可提領的便利性為優先，或是以較高的存款利率為優先。

當我們選擇了定期存款，原則上在期滿之前都不會去提領帳戶內的存款，我希望各位都能夠了解這樣的方式未必比較不好。日本人都喜歡儲蓄，所以會去解除定期存款的人或許相對地少，但對於不小心就會超支的人來說，我認為把錢存進有提領限制的定期存款帳戶，是個可以讓自己成功儲蓄的好方法。

●讓存款翻倍？「七二法則」

在當今這個超低利率的時代裡，就算領到了存款利息，或許也不會有明顯的感受，但能夠迅速地算出存款每年產生的利息有多少、幾年後的本金加利息有多少，我想或許會更好。

那麼，這裡有個問題要考考你們。

問題

假設每年的存款利率為3%，那麼存款金額經過幾年以後，會變成現在的2倍？

1 約12年
2 約24年
3 約36年

順帶一提，計算答案時不用考慮手續費或稅金，各位不用想得太困難，試試看回答這個簡單的問題。這本書的目的是為了讓各位學習關於金錢的知識以其培養相關的素養，所以不會講到太細微的部分。

各位算出答案了嗎？正確答案為②約24年。

每年3%利率的存款變化圖

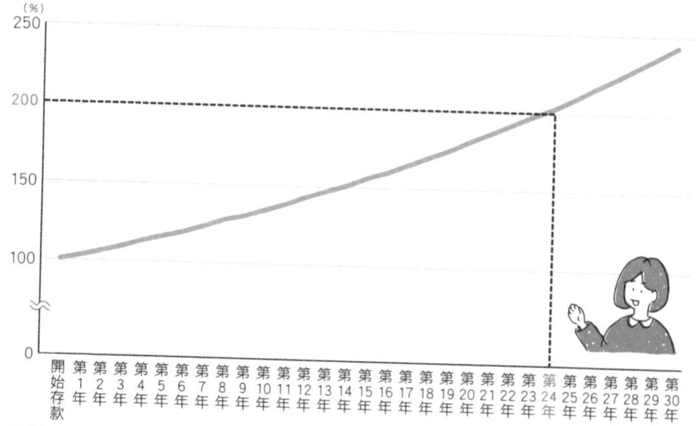

（出處）：Manene股份有限公司製圖。

其實有個很簡單的方式可以算出答案。那就是利用所謂的**「七二法則」**，搭配以下的算式，就能得到答案。

「72÷金利≒本金變成2倍的期間（年）」

換言之，以上一頁的問題為例，72除以3（%）等於24，我們就能立刻算出答案就是②約24年。各位覺得怎麼樣呢？真的很簡單吧。

●了解銀行的商業模式

跟小孩子提到利率時，他們肯定會問這個問題。

「為什麼把錢放在銀行，銀行就會給你利息？」

想想看，你會怎麼回答呢？

企業必須花錢才能投資設備、聘請員工上班等等。若是企業能夠以他們獲得的利潤支付所有的費用，那麼當然是最好的。只是，大多數的企業都沒有如此充足的資金。

因此，這些企業就會向銀行借錢，將這些錢做為企業營運的資金，運用在**設備投資**（註5）或人才招聘。接著，企業利用這些設備以及人力資源生產商品或服務，並且提供給消費者。消費者進入企業工作，則成為企業提供勞力的勞動者，所以公司會發薪水給這些員工，而員工再使用薪水購買商品或服務，最後就會把剩下的錢存進銀行。

貨幣就是以這樣的形式，在社會上不停地循環，但銀行可不是無酬奉獻的慈善公益團體，而是個追求利益的營利企業。因此，銀行借錢給企業時，就會與企業簽訂契約，約定日後償還本金與利息。

這樣子講，可能會讓各位的腦海一片空白，所以我們就用實際的數字來看看吧。

（註5）**設備投資**
企業（公司）為了營運，而將資金花費在必要的設備上。包含新增生產設備、擴大生產力、節省能源、節省勞動力、合理化、資訊化等等。國家或地方政府進行的公共投資，也屬於設備投資的一種。

某銀行融資100萬日圓給某企業時，會與企業簽訂契約，約定一年後償還本金以及10%的利息。企業若遵守契約，一年後要歸還的錢就會從原本的100萬日圓變成了110萬日圓。此時，銀行會賺進10萬日圓，而這筆錢就會成為銀行的營運費用，同時還有一部分作為存款利息，放入存款戶的帳戶裡。貨幣與資金就像這樣以銀行為中心，不停地在循環。

讀到這裡，有沒有人覺得哪裡怪怪的呢？大部分的學校老師在教學生這個部分的內容時，通常都會按照消費者把錢存進銀行，銀行再融資給企業的順序來講解。但我在前兩頁所講的內容，則是從銀行融資給企業的部分開始說明。這個順序的差別並不是因為我寫錯了，而是我故意這麼做的。各位現在可能都是滿頭的問號吧？這部分的內容就先講到這裡，在第51頁會有更詳細的說明，請各位也一起參考。

1 sho
04

為什麼日本人害怕投資呢？

●祖先們的口耳相傳

通常，日本人都不太習慣投資這件事，每次只要我出席專為孩童舉辦的金融教育演講，結束以後百分之百都會有人來問我：「為什們日本人都不投資呢？」

這種時候，我除了跟對方聊聊我的觀點與想法，同時也會詢問對方：「那你為什麼不投資呢？」我為了在日本普及金融教育，而在三年前成立了Manene股份有限公司。這間公司成立的時間有多長，就有多少人來問我問什麼這個問題，我都會反問他們為何不投資，最後我發現三個讓日本人害怕投資的原因。

第一個**原因是「來自親朋好友對於投資的負面資訊」**。

許多人都是聽父母、祖父母或是親戚提到關於投資的慘痛經驗，所以還沒真的投資就覺得投資很危險、很不可靠。

其中，他們最常聽到的，就是沒什麼投資知識的祖父母過世以後，才曉得他們生前聽從金融機構的營業員的慫恿，買了金融商品。清點這些投資以後，發現損失慘重。

投資的風險要自己的責任，就算營業員再怎麼推銷慫恿，最終還是自己決定要不要投資。因此，就算投資虧損，也是自己要承擔的。話雖如此，營業員都會提出了漂亮的資料數據，同時還搭配上他們訓練有素的推銷話術，也難怪許多人都會覺得這些營業員講的條條有理。金融機關也是個正正當當的企業，不是什麼詐騙集團，所以其實營業員不可能在資料上作假，或向人說明虛假的內容。只是，他們所提供的數據或圖表的呈現方式，許多部分在我眼中都是投機取巧的作法。這時，我就會覺得「若是沒有一定程度的知識，真的是沒辦法保護自己呢」。

日本的金融素養比歐美國家差？

第二個原因是**日本人的金融素養不比歐美國家**。簡單來說，金融素養就是「關於理財的素養」。在日本，基本上沒有什麼機會可以去學習金錢相關的知識，會有這樣的結果也是無可奈何。

話雖如此，為什麼一般都認為日本人的金融素養比歐美國家的人差呢？其中一項根據是家戶（參考201頁）**金融資產**(註6)的現金與存款比率。那麼，這裡有個問題要考考你們。

問題

請問截至二〇二〇年三月底，日本家戶金融資產當中的現金與存款比率為何？

1 13.7%
2 34.9%
3 54.2%

(註6) **金融資產**
截至二〇二〇年底，日本的個人金融資產為1948兆日圓，而民間企業的金融資產則為1275兆日圓，個人金融資產大於民間企業的金融資產。另外，兩者都由於新冠肺炎疫情的影響，更傾向將大量的資金留在身邊，所持有的金額為歷史新高。

家計的金融資產構成（2020年3月底）

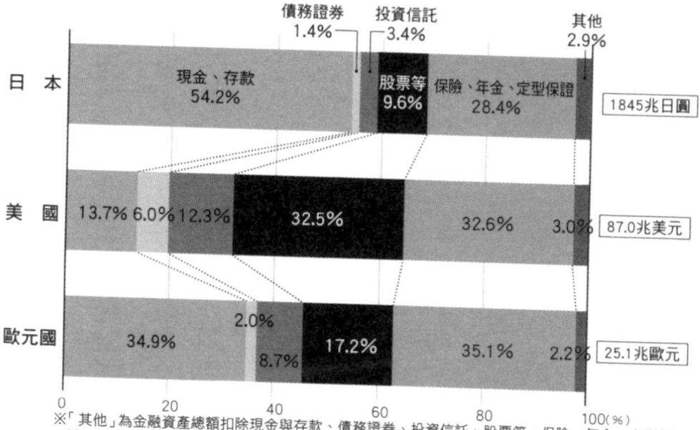

※「其他」為金融資產總額扣除現金與存款、債務證券、投資信託、股票等、保險、年金、定型保證以後的餘額。

（出處）：根據日本銀行「資金循環統計」

另外，上圖為日本銀行公布的「資金循環統計」關於日、美、歐的家戶金融資產的比例結構。從這張圖表可知，投資信託的比例在日本的家庭收支當中占了3.4%，股票等等則占了9.6%。

另一方面，美國的家庭收支當中，投資信託的比例為12.3%，股票等等則占了32.5%，日本人與美國人對於投資的態度可以說是截然不同。

那麼，你知道這個問題的答案了嗎？

同樣根據上圖的資料，應該就能知道正確答案為③54.2%。根據這張圖表，雖然有許多人都認為日本人的金融素養比歐美人差，但我認為並不能一概而論。

日本一直以來都受到通貨緊縮（物價持續下跌的現象，詳細內容請參照217頁）的影響所苦。在通貨緊縮的情況下，現金的價值就會提升。

我舉個極端的例子，方便讓各位理解這個現象。比如說，二〇二〇年的年收入為500萬日圓，隔年的年收入同樣為500萬日圓。不過，車子的價格在二〇二〇年為500萬日圓，隔年的價格只剩去年的一半（物價下跌），那麼會是怎樣的情況呢？

同樣的年收，在二〇二〇年只能買到一台車，到了隔年卻能買到兩台車。換句話說，由於物價下跌，造成現金的價值提升。這麼一想，在通貨緊縮造成貨幣價值上升的狀態之下，或許日本人保留現金或存款，不把錢投入可能會貶值的股票或投資信託等等資產當中，反而更是一種具備金融素養的作法。

●股價指數是問題所在？

第三個原因則是**股價的波動有問題**。股價的波動是根據股價指數。日本最具指標的股價指數為**日經平均股價指數**（註7）或TOPIX（東證股價指數），美國則是道瓊工業平均指數或S&P500等股價指數。而所謂的股價指數，指的是為了掌握該國的股市狀況，而以多間企業的股價計算而出的指數。

比如：日經平均股價指數，就是日本經濟報社從東京證券交易所市場第一部的上市企業當中，選出兩百二十五間股票交易熱絡的企業，並以這些企業的股價計算出股價指數。

TOPIX以在東京證券交易所市場第一部上市的所有日本企業為對象，而S&P500則是由標普道瓊指數公司紀錄的股價指數。那麼，我們就從TOPIX以及S&P500的長期走勢，看看為什麼股價的波動有問題。

基本上，股價的波動都是呈現上下起伏的波浪狀，並不會持續地往同一個方向變動，比如：持續上漲等等。

從一九八五年以來的這三十五年之間的股價走勢來看，可以發現二〇〇〇年的網路泡沫化以及二〇〇八年的全球金融海嘯，都發生過股價在一夕之間暴跌的情況。

（註7）**日經平均股價指數**
東京交易證券簡稱「東證」，在東證市場第一部上市的企業當中，挑選出兩百二十五間企業，以這些企業的股價計算出的股價平均值，即為日經平均股價指數。這項指數是由日本經濟報社計算出的指數，因此也稱為日經指數。

TOPXI以及S&P500的長期走勢

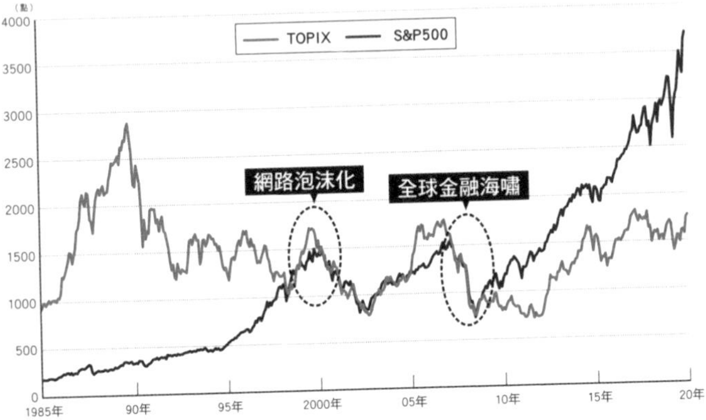

（出處）：作者根據各項資料製圖。

然而，美國股價指數的趨勢可以說是不斷地直線上升，日本這幾年的股價指數也有成長的趨勢，卻都是在一定的範圍以內上下擺盪。

從日美兩國的股價指數的走勢來看，我想就可以清楚地說明美國人與日本人在投資上的差異。即使股價有跌落的時候，美國人依然相信**只要堅持長期投資，一定可以獲利；而日本人認為投資雖然有機會賺錢，卻也可能慘賠，還是儲蓄比較讓人放心。**

1 sho 05

聽說投資是一種賭博

投資就是賭博？

在我結束每一場金融教育的演講以後，通常都會有許多機會與一些正在煩惱該不該開始投資的人聊聊。

這些人通常都是擔心將來的開銷，如：老年後的生活費、照護費等等，卻怎樣都不敢踏進投資的世界裡。詢問他們不敢投資的理由以後，發現有許多人都是覺得投資就像「賭博」一樣，或覺得投資的風險很大。

我在前面也提過，日本的確有很多人對於投資都有著負面的印象。在日本證券業協會公布的「有關證券投資之全國調查（二〇一八年十二月）」當中，關於日本人不投資股票、信託、債券的理由，排名第三名的回答都是「因為像在賭博一樣」。另外，在只持有現金存款而未做任何投資的人當中，則有34.5%的人對於投資的印象都是「就像賭博一樣」。

何謂賭博？

話說回來，各位覺得賭博的定義是什麼呢？

進一步詢問認為投資就像賭博的人對於賭博的定義以後，得到的回答是「**不確定究竟會賺錢還是賠錢**」。換句話說，他們也許就是覺得投資跟日本傳統賭博「丁半」是一樣的吧。

假設我們把這個答案視為賭博的定義，那麼投資的確可以說是一種賭博。就算再怎麼學習、充實關於投資的知識，或針對投資標的進行詳細的研究及調查，也不能拍胸脯保證可以獲利。而且，也不保證一定能夠收回本金（手上的資金），投資順利的話，資產自然就會增加，但是不順利的話，當然也可能愈來愈少。不過，各位覺得將這個回答當成賭博的定義，真的沒問題嗎？

賭博究竟是什麼呢？指的是賽馬、賽艇、自行車競輪等等？還是玩小鋼珠或角子老虎？**彩券**（註8）或運動彩券也都是賭博吧！那麼，這裡有個問題要考考你們。

問題

彩券的返獎率大約是幾成？

1 **約4成**

2 **約6成**

3 **約8成**

順帶一提，賽馬、賽艇、自行車競輪的返獎率都超過了7成。或許有些人會感到有些疑惑，什麼叫做返獎率呢？

簡單來說，當我們在下注A或B會贏的時候，假如下注的賭金總共有100日圓萬日圓，其中的30日圓萬日圓被徵收為營運費用，其餘的70萬全部作為獎金，那麼這個賭博的返獎率就有70％。

（註8）**彩券**
日本彩券法「附彩金票券法」規定，日本全國四十七個都道府縣及二十個指定都市的地方自治體才可發行彩券，彩券業務則委託銀行等機構辦理。日本的彩券人口（最近一年以內購買彩券的人，二〇一六年資料）為5000萬人，約為日本總人口數的4成。

那麼，答案是哪一個呢？

彩券的返獎率竟然是答案①約4成。有些人或許會很驚訝彩券的返獎率居然低於賽馬，說不定還有一些人決定再也不買彩券了。這種賭博就稱為**負和遊戲**，只有彩券的發行機構會不斷地賺錢，而買彩券的人不過是在不利的條件中玩遊戲罷了。

另外，假設A某與B某分別拿出100日圓萬日圓，猜拳贏的人就可以拿走200日圓萬日圓，那麼這樣的情況則稱為**零和遊戲**。

●投資與賭博有許多相似之處？

那麼現在換各位想一想，投資是負和遊戲嗎？

或者，應該是屬於零和遊戲？

投資其實細分為許多種，所以我們這裡就用股票投資為例，想一想投資屬於哪一種呢？

我們在投資股票的時候，只要這間公司的業績持續上升，那麼股價也會跟著上漲，所以理論上所有的投資人都有可能賺到錢。

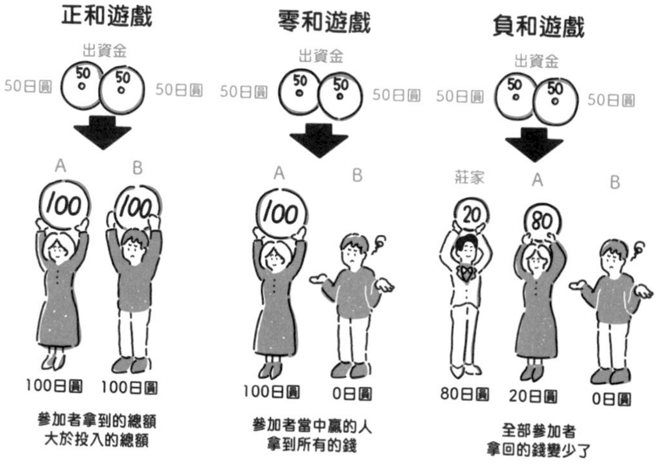

買賣股票的時機點不對，當然也可能發生虧損的情況，不過股票卻不像賭博一樣，我們不可能買都還沒買，就斷言投資股票是一種負和遊戲。像股票這種報酬總額大於投資總額的遊戲，稱為**正和遊戲**。

或許一提起對於賭博的印象，大家想到的不光是沉迷賭博的人身敗名裂，還有他們的家庭也變得支離破碎，所以就讓人覺得千萬不能沾染賭博的陋習，但我認為，不論是賭博者還是投資者，應該具備的素養都是一樣的。

以我們方才說過的賽馬為例，賭馬的

人在決定要押哪一匹馬獲勝之前，都應該要根據數量龐大的資料、仔細研究每隻馬至今為止的成績、知道馬兒的父母與祖父母是哪些馬，還要研究馬匹在不同的賽馬場、不同的天候條件下的成績等等，所以這時候數據解析能力就顯得相當的重要。另外，有愈來愈多賭馬的人從一開始就一路狂輸，直到最後一局才一口氣逆轉勝，但是能夠如此冷靜地等待到最後一刻，也是需要相當強大的心理素質。

以上所說的素養，對於投資也都是非常重要的。實際上，許多投資好手也喜歡賭博遊戲，或許真的是因為賭博與投資之間有著相似之處。

不小心有點偏題了。每個人對於賭博的定義都不一樣，但如果我們把可能造成虧損的行為都當成賭博的話，那麼我必須說投資就是賭博。不過，**投資絕對不是非零即一，有時投資的錢或許會減少，但只要確實地擬定好投資策略，牢記把風險降到最低的投資方式，我們就不需要過度恐懼，也不用刻意迴避。**

COLUMN

哪一種存款結構才是正確的？

●外生性貨幣供應理論

先前在本章節「關於存錢與借錢」的小節也稍微提過，接下來我想在這個專欄裡，進一步地談一談關於存款的機制。我會介紹兩種思考模式，一種是至今為止公認的看法，而另一種則與前者截然不同，因此年紀愈大的人，可能就會覺得愈難以理解。

相反地，如果是還沒被既定觀念綁架的小孩子，說不定反而很容易就理解我在說什麼，所以我希望各位都能夠拋棄既有的成見或固有思維，以完全空白的狀態閱讀接下來的內容。

一般提到貨幣，指的就是硬幣或紙鈔，但其實還包含了存款在內。在沒有銀行的世界裡，如果A某要把錢給B某的話，就必須將硬幣或紙鈔交到對方的手上才行；

但在有銀行存在的現實世界當中，A某還可以透過轉帳的方式，將錢從自己的銀行戶口移動到B某的銀行戶口。

好了，我們在這裡先來稍微思考一下，銀行的存款是怎麼產生的呢？首先我要介紹一般公認的看法。順便告訴各位，其實我以前也是這麼學的。

首先，A某帶了10萬日圓來到了銀行。這時，銀行就會產生10萬日圓的存款。由於銀行並不是做公益的慈善團體，如果只是免費幫人保管錢的話，那可不划算。

於是，銀行就將這筆存款再借給企業或個人，並在債務人還款時，靠著收取利息來賺錢。不過，銀行如果把A某存放在戶頭裡的10萬日圓全數出借，萬一A某臨時要急著要領出這筆錢的話，那可就麻煩了。所以，銀行就會保留1萬日圓的存款，然後把剩下的9萬日圓借出去。

這時，B某來向銀行借9萬日圓，銀行便會把這9萬日圓借給了B某。倘若這時銀行把B某貸款的9萬日圓匯入（產生紀錄）他的戶頭，銀行就會產生A某的10萬日圓存款以及B某的9萬日圓存款，而且銀行總計的存款就會變成19萬日圓。像這樣的情況，我們稱為「**信用創造**」，英文則稱為「**Money Creation**」，簡單來說就是貨幣創造，彷彿煉金術似的。

這時，我們就會將A某的10萬日圓稱為「原始存款」，而B某的9萬日圓則稱為「引申存款」，以區別兩者的差異。

像這些來自銀行外部的錢，或是銀行將這些錢借給別人之後又存回銀行的錢，就稱為「**外生性貨幣供應理論**」。

●內生性貨幣供應理論

不過，這種「外生性貨幣供應理論」的說明，看在實際從事銀行業務的人眼中，是不是覺得有那麼一點難以接受呢？

一樣舉剛才的例子，假設B某向銀行提出申請，希望可以貸款9萬日圓。如果銀行認為B某有足夠的還款能力，那麼銀行只要在B某的銀行帳戶裡留下9萬日圓存款的紀錄即可，銀行並不需要一定要等到A某把這筆10萬日圓存進戶頭，成為銀行用於貸款的資金以後，才能貸款給B某。

換言之，就銀行實務的觀點來看，只需要在貸款人的戶頭留下存款數據的紀錄即可，不必特地等待來自銀行外部的資金，才把這筆錢當作銀行放貸用的本金。這樣的觀點稱為「**內生性貨幣供應理論**」。

這樣看起來也許很不可思議，但**銀行就是可以這樣從無到有，創造出存款**。在過去，銀行都是以鋼筆記錄帳簿，所以也有人以此實務為這樣的存款命名，稱之為「**鋼筆貨幣**」。

不過，銀行也不會毫無計畫地一直創造帳面上的存款。當存款的客戶透過ＡＴＭ提款等方式，要求銀行必須讓他們從自己的戶頭領出現金時，銀行就有義務回應這些客戶的提款要求，所以銀行還是必須具備一定程度的資本。而且，貸款人如果不能如期繳納貸款，也會造成銀行的困擾與麻煩，所以銀行只會把錢借給有償還債務能力的人而已。

我以前在學校裡面學的，也是前者的內容，而後者的內容則是長大以後才學到的。關於金融與貨幣的知識，就像這樣一直都在改變。

2章

請告訴我要怎麼賺錢

2sho 01

為什麼工作就能賺到錢？

思考一下薪資是什麼

正在讀這本書的你如果是個學生，也許你會透過打工得到薪水；如果你是個社會人士，也會因為在職場工作而領到薪水。

各位應該都覺得，既然自己都在工作了，那麼工作之後按照契約拿到報酬當然是理所當然的事情，並不會特別去思考這樣的金錢往來。不過，我們可以透過重新思考我們一直都覺得理所當然的金錢來往，學習關於金錢的教養。

我舉個非常簡單的例子，讓這件事更簡單明瞭一點。各位也一起來想一想吧。

假設，你目前在一間規模非常小的公司上班，總共只有你跟老闆兩個人。這間公司在一個月內賣出了一個50萬日圓的商品，而你每個月都會從這間公司領到10萬日圓的薪水，所以這間公司的差額就會剩下40萬日圓。

不過，實際上你的老闆也會領取屬於他的薪水，而且公司還必須要付辦公室的房租費、水電費。另外，公司在製作這個以50萬日圓售出的商品時，也必須要支付費用（原料費等等）。假設你老闆的薪水是20萬日圓，而其他的各項費用是20萬日圓的話，那麼這間公司最後連一塊錢也不剩。

這麼一來，公司就沒辦法進行設備投資，開創新的業務，也沒有錢再招聘新的員工。而且，這樣的情況對於這間公司的所有者——股東也會很不利。關於這一點我們在下一小節再來談談。

那麼這樣的話，應該要怎麼做才好呢？

答案很簡單，只要讓公司支付所有的費用以後還有餘額就行了。比如說：老闆的薪水是20萬日圓，員工的薪水是10萬日圓的話，那麼只要把其他的各項費用控制在10萬日圓，公司就會剩下10萬日圓。

如果其他的各項費用再怎麼控制還是不能比20萬日圓更低的話，那麼只要減少老闆或員工的薪水，就可以讓公司保有餘額了。

●榨取勞工血汗錢的人就是有錢人

工作以後領到薪水，勞工都會以為薪水的金額是工作或工作成果的回報，也就是以為自己得到了與工作成果同等價值的報酬。

許多人都覺得理所當然的這件事，說穿了其實只是從勞工觀點出發的看法。從股東的角度來看，又會是全然不同的看法。

一般來說，大部分的股東都是被稱為資本家的有錢人，他們讓勞工在他們的公司裡工作換取薪水，但給勞工的工作量卻大於發放的薪資，讓公司靠著這樣的方式來賺錢。換句話說，**資本家與勞工看待勞動的角度不同，對於勞動的印象也會截然不同**。

那麼，這裡有個問題要考考你們。這個問題可能有點困難，是關於一本我們在談及金融或經濟時必讀的書。但如果你已經是個社會人士的話，這肯定也是你在社會上或歷史課上會學到的知識。

問題

請問是哪位作者在他的哪本著作當中，著眼於資本家與勞工之間擴大的差距，以批判的角度分析資本主義的架構？

1 **馬克思《資本論》**

2 **亞當史密斯《國富論》**

3 **凱因斯《就業、利息與貨幣的一般理論》**

馬克思是德國出身的哲學家，亦與恩格斯合著《共產黨宣言》。亞當史密斯的《國富論》有時也被稱為《全體國民的財富》，這本書中提到的「**看不見的（神之）手**（註9）」也是一句相當有名的話。凱因斯提出「雇人挖洞、再雇人填平」的理論，認為這樣的公共投資能夠有效地度過經濟不景氣，該理論使他聲名大噪。

你是不是已經想到答案了呢？答案是①。若開始解說關於馬克思的《資本論》，可能就會占據這本書接下來的所有版面了，所以我就簡單地挑幾個重點來講吧。

（註9）**看不見的（神之）手**
這句話出現在《國富論》當中「即是每個人的行動只是為了追求個人的利益，但這些行動聚集起來以後，仍會成就社會全體的利益」的章節。現在這句話的意思則衍伸為表示市場上的經濟是由「看不見的（神之）手」在操縱的。

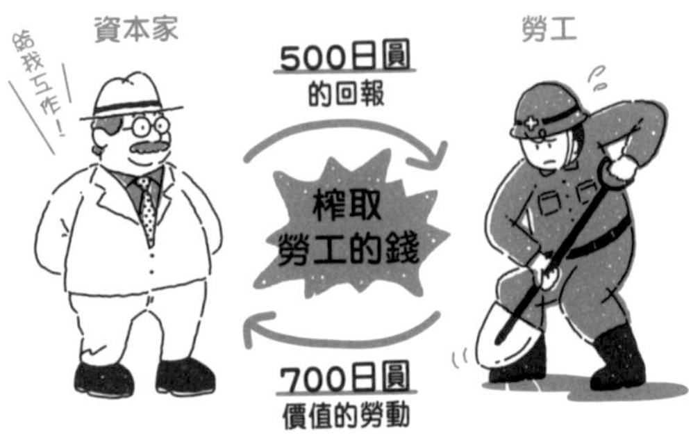

不成為資本家的話，就不會變有錢！？

馬克思認為，資本家雖然以報酬（薪水）作為交換，讓勞工提供他們的勞動力，然而實際上資本家分派這些勞工的工作量卻超過發放給勞工的薪資，藉由「壓榨」勞工的勞力，產生「剩餘價值」。這樣子講可能會有點難以理解，我用個簡單一點的例子來說明吧。

比如說，勞工每小時做了５００日圓價值的工作量。這時，資本家如果支付５００日圓作為這名勞工的薪水，那麼他的手上就沒有任何資金了。

因此，資本家就會要求勞工完成７００日圓價值的工作量，然後付５００日圓的薪水給對方，這樣一來，剩下的200日圓就能當成收益留在手邊。所以，才會說這是資本家榨取勞工而來的獲利。

這樣聽起來，資本家似乎都很狡猾，但馬克思表示**在弱肉強食的資本主義社會裡，勞工如果不成為資本家的話，就不會變得有錢，只會一直被資本家壓榨**。

●想一想你想要成為哪一方

話題好像扯得有點遠了，我們這邊主要談的還是「為什麼工作就會得到錢」。

我想各位應該也知道這個問題的答案。沒錯，就是「因為提供了勞動力」。不過，在資本主義社會裡，勞工的工作量都超過獲得的薪水，勞工實際生產出的價值，有一部分都被資本家給吞掉了。

各位讀到這邊，會不會覺得當個勞工真的是一件很蠢的事呢？但如果沒有相當的資本，似乎也是當不成一個資本家。

不過，就算我們沒有那麼多的錢，我們還是有可能成為資本家的。而翻身的方法就是善用投資。關於這個部分，我想要留到122頁以後再詳細地介紹。

2sho 02

何謂公司

老師，我要創業！

有一次，一位跟我學過經濟的大學生跑來找我。

他說，他要自己創業開一間公司，我便詢問他打算做哪方面的事業。這個學生是個很認真的人，連為什麼要創業的理由跟目的也都交代得清清楚楚，所以我又追問了他幾個有點壞心眼的問題。

「我覺得你的想法很不錯，不過你有規劃創業後幾年內的營運計畫嗎？」

我自己在國內外都有開公司，也著手好幾間公司的經營，所以我覺得如果他真的要創業的話，至少一定要思考這個問題。

結果，沒想到他竟然靦腆地打開筆電，然後把他用Excle製作的**營運計畫書**（註10）給我過目。

現在的大學生竟然可以做到這種程度！我甘拜下風。

我很欣慰他有這樣的熱情，還有他這份連細節部分都思慮周詳的計畫，大大地稱讚他一番之後，我又問了一個我比較在意的問題。

「這份創業計畫需要的創業資金可不少，這些錢你打算怎麼籌措？」

我才剛說完，他便面不改色地回答：「我打算去向銀行貸款。」縱使是精打細算的他，似乎還是把有些事情想得太簡單了。

各位也一起來思考一下，銀行究竟會不會把一大筆錢，融資給一間沒有任何業績的公司呢？這個世上可沒這麼好康的事情吧？

融資放款是銀行業務的一部分，並不是在做慈善公益。假如前來貸款的企業估計不會還款，銀行就不可能把錢融資給這間企業；公司的業績不好的話，即使銀行願意融資，放款金額也不可能太多。

那麼，除了跟銀行貸款以外，就沒有其他辦法可以籌到資金嗎？

（註10）**營運計畫書**
規劃公司未來將要透過那些方式賺錢的計劃書。在成立新公司或是規劃開創新業務時，通常都會向提供融資的金融機關或投資人提出營運計畫書。

●股份有限公司的形成

公司分為好幾種，其中一種就叫做「股份有限公司」。

我想各位對於股份公司的了解程度可能都不太一樣，但這應該是最耳熟的吧？

如同我在前面所講的，剛成立的公司沒有任何實績，所以不保證可以馬上就向銀行借到充足的資金。於是，股份有限公司就以自家的股份作為交換，向投資人募集資金。而且，企業還不必將他們募得的錢還給投資人。各位知道這是為什麼嗎？因為企業把**股份換成了資金**。

只要我講到這裡，就會有許多學生回應我說：「把毫無價值的股份給對方就能拿到錢嗎？那麼去跟銀行借錢的人都是笨蛋欸。」但其實把股份賣給別人也是一件非常可怕的事。

例如：你是一間公司的老闆，而你把自己持有的大半股份賣給了別人，藉此取得資金。你用這筆錢開創你的事業，幾年以後事業有成。正當你想著：「我在日本已經算是成功了，接下來就是進軍全球！」股東卻命令你離開這間公司……。就算你再怎麼生氣，覺得不能接受，最後也只能離開。

股份有限公司是由股東持有的，股東即是這間公司的所有人。被別人奪走大半股份的你，說穿了只不過是被聘請來當老闆而已。

「我不眠不休拚命建立起這間公司，憑什麼我要離開……。」

我舉的這個例子比較極端，但也就能夠看出**利用股份募集資金（股權融資）的魅力及可怕之處**了。那麼，這裡有個問題要考考你們。

問題

全世界最早從什麼時候開始使用股份籌措資金呢？

1 一六〇〇年代
2 一八〇〇年代
3 一九〇〇年代

跟各位先講一下，國中或高中的課堂上應該有提過這部分的內容，所以上課認真

有沒有人
要出資啊～
風險
報酬
航海活動以失敗告終，船隻無法平安歸來，出資的錢就會化為烏有。
東印度公司
船隊平安返航的話，就會按照股份的出資比率得到相對的利益。

聽課的人說不定會覺得很簡單。

那麼我就來公布正確答案吧。正確答案是①一六〇〇年代，歷史相當悠久了呢。一六〇〇年代也就是十七世紀，大航海時代的後半期。

在那個時代，荷蘭、英國等歐洲列強紛紛出海航行，同時擴大母國的殖民地。若成功地航行到亞洲，並且帶回香辛料，就能夠獲得巨額的財富。

只是，建造一艘船需要龐大的資金，而且就算最後成功造出一艘船，也經常聽聞船隊在航海期間遇上暴風雨或大浪來襲，結果船隻毀壞沉沒，沒能平安地抵達亞洲。

於是，要出航的人想出了一套機制，他們向許多的投資人都募集一點資金，將這筆資金用於造船，而代價就是要按照投資人的出資比率，將股份分給這些投資人，如果船隊成功地帶回香辛料，就要根據股份的持有比率，將靠著香辛料賺來的錢分給每個投資人。

這就是股份有限公司的始祖「**東印度公司**（註11）」。

有時也會變成金錢遊戲

投資騙子經常使用的手法，就是跟你說：「你放在我們這邊的錢（本金）不會不見，絕對會讓你賺錢的。」但天底下本來就不可能有這種好事。沒有風險，就沒有報酬，期望的報酬愈高，風險也會愈高。

創業者冒著可能被投資人搶走公司掌控權的風險，用公司的股份向投資人換取不必償還的資金。那麼對於投資人而言的風險是什麼？報酬又是什麼呢？

各位應該都知道這些投資人的風險是什麼吧。要是這個創業者的事業失敗了，那

（註11）**東印度公司**

英國、荷蘭、丹麥、法國、葡萄牙等各國都創立了東印度公司，其中的荷蘭東印度公司更是被稱為股份有限公司始祖，在日本實施鎖國政策期間，壟斷日本對外貿易的也是荷蘭東印度公司。

麼投資人拿錢換來的股份就會變成廢紙。那麼，投資人的報酬又是什麼呢？**當創業者成功地開創事業時，企業就會將部分的營利作為股息，分配給這些投資人**。這樣的機制跟東印度公司當時的作法是一樣的。不過，現在則有其他更主流的投資獲利方式。而這個方法，就是公司持續成長以後，最終在股票市場裡掛牌上市，與許多企業公司的股票一起在股市裡交易流通。一直以來只有在少數投資人之間才知道這間公司的股票值得投資，一旦這間公司的股票在股票市場裡掛牌上市，任誰都想要搶著買這張股票，因此在大部分的情況下，股價都會一口氣暴漲。換句話說，當初用便宜的價格買進股票的投資人若在這時賣掉股票的話，就能夠獲得巨額的財富（獲利）。

這話聽起來就像天方夜譚，但最近這樣的投資方式已經慢慢地變成了一種金錢遊戲。會變成這樣，是因為有愈來愈多許多年輕人頂著光鮮亮麗學歷或經歷，成立了**新創企業**（註12），而這些新創企業在掛牌上市之前，就被看好具有好幾百億日圓的價值。我們當然不能一竿子打翻一艘船，但實際上也有愈來愈多名不符實的新創企業。就是這樣，才會讓人覺得投資股票變成了一種金錢遊戲。

（註12）**新創企業**

以創新的發想或新穎技術、商業模式為武器而成立公司的企業。提供資金給新創企業的投資公司稱為創業投資公司（VC），這些創投公司會在投資對象的公司成長或是掛牌上市櫃時，賣掉這些投資對象的股票，賺取利潤。

2sho 03

何謂差距？

在國外目睹的貧富差距

我以前曾經派駐到印尼的首都——雅加達，我在那裡見識到從未在日本見過的貧富差距。

有一天，我認識的某位**華僑**（註13）朋友邀請我到他家走走，至今我依然記得看見那奢華的豪宅時，心裡頭有多麼地驚訝。早就聽說他是個資產家，豪宅裡漂亮的大理石地板上擺設的全都是高級家具，不管是房間的大小還是樓層的天花板高度，完全不是一般的住宅可以相比的。這位友人從小在印尼長大，後來還去美國念了大學，印尼語自然不必多說，就連英語以及中文也都講得相當流利，是個國際級的菁英人才。

（註13）**華僑**
居住在國外的中國人以及他的後代子孫。根據中華人民共和國的中國共產黨政府的定義，華僑一稱指的是「居住於中國大陸、台灣、香港、澳門以外的國家、地區，卻仍有中國國籍的漢族」。

另一方面，從他家徒步約二十分鐘左右就可以到達我上班的辦公室，在那間辦公室還有我當時住的公寓大樓附近，大馬路上雖然都是光鮮亮麗的高樓大廈，但只要轉進隨便一條巷道，就會看見截然不同的景色。小巷內的馬路沒有鋪柏油，路邊都是散落一地的垃圾，就連房子也都相當簡陋破舊。

而最讓我感到震驚的，是一名婦人懷裡抱著一個剛出生沒幾個月的小嬰兒坐在大太陽底下，她的面前還擺著一個空罐子，就這樣在氣溫35℃以上的炎炎烈日之下一直坐著。不論是上班時間還是下班時間，她都一直待在同一個地方。不用說小孩子了，就連大人在這炎炎烈日底下坐幾個鐘頭都會覺得身體不舒服，我那時真的很擔心那個孩子的身體狀況，一直到現在我都還忘不掉這件事。

身為工業大國的日本存在著哪些差距？

在一些努力發展的開發中國家，尤其是在二十幾年前的亞洲各國，這樣的景象可以說是見怪不怪。

那麼，像日本這樣的已開發國家，是不是就沒有這樣的差距呢？似乎也不盡然。提到日本的差距問題，我想最常聽到的就是正職僱用與非正職僱用。

日本現在約有4成的勞工都是非正職員工，在我認識的人當中，也有好幾位都是屬於**非正職僱用**（註14）的員工。

我跟其中一位朋友聊天，有一件事讓我感到很驚訝。他說，他雖然想跟交往好幾年的女友結婚，卻遲遲未能向對方求婚。

我向他詢問其中緣由以後，才知道畢竟非正職僱用的性質比較不穩定，因此對方的父母反對他們結婚，而且對方也渴望結婚以後生孩子，但是靠他一個人的收入，能負擔起兩個人的生活已經很勉強了。不管是哪個原因，都離不開經濟與收入的問題。那麼，這裡有個問題要考考你們。

問題

非正職僱用的平均薪資大約是正職僱用的幾成？

1 正職僱用的8成

2 正職僱用的6成

3 正職僱用的4成

（註14）**非正職僱用**
正確名稱為非正職僱用勞工。根據日本厚生勞動省的定義，指在勤務地點的稱呼為「鐘點人員」、「兼職人員」、「勞工派遣事務所的派遣員工」、「契約員工」、「囑託」、「其他」的勞工，二〇一九年的非正職僱用勞工的平均人數為2165萬人。

平均薪資的變動

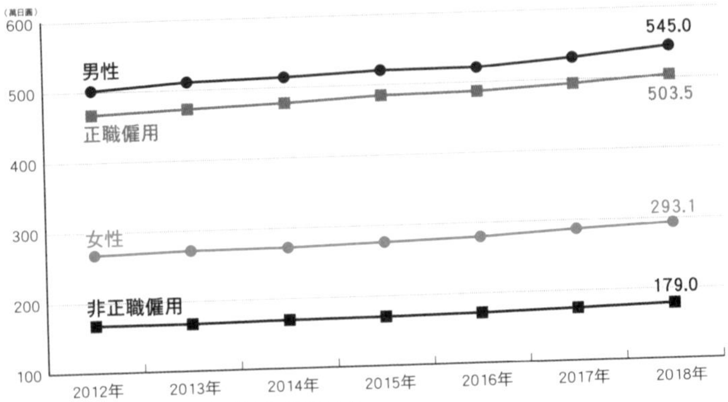

（註）：（全書共同小標）以就業一年以上的勞工為調查對象
（出處）：Manene股份有限公司根據日本總務省「勞動力調查」、日本國稅廳「民間薪資實態統計調查結果」的數據製圖。

順帶一提，根據日本國稅廳公布的「民間薪資實態統計調查結果」，分別看二〇一八年為止的男性與女性的平均薪資，可發現**男性的平均薪資為545.0萬日圓，女性則為293.1萬日圓**，女性的平均薪資幾乎只有男性的一半而已。

那麼，各位覺得這個問題的答案是哪個呢？同樣根據日本國稅廳公布的這份「民間薪資實態統計調查結果」，二〇一八年為止的正規僱用的平均薪資為503.5萬，而非正職僱用的平均薪資則為179.0萬，因此非正職僱用的平均薪資連正職僱用的4成左右（35.6%）都達不到。所以，這題的正確答案是③。把目前出現過的這幾個數據畫成圖表來看，我想應該可以知道**正職僱用與非正職僱用、男性與女性之間還存在著鴻溝**。

●何謂同工同酬？

為了解決這樣的差距，在日本推動的勞動制度改革政策當中，從二〇二〇年四月開始也以大型企業為主要對象，實施「同工同酬」的措施。同工同酬指的是如果勞工所做的工作內容相同，那麼不論是正職員工或非正職員工，資方不僅都應該支付同樣的薪水，也要讓非正職員工公平地享有正職員工擁有的津貼或福利制度。

或許各位也會覺得既然都做一樣的工作，那麼受到一樣的待遇也是理所當然的，但實際上要落實「同工同酬」卻是一件相當困難的事情。

二〇二〇年十月，在一件非正職僱用勞工要求「同工同酬」的訴訟當中（大阪醫科藥科大學事件、Metro Commerce事件）當中，最後逆轉敗訴。

提出訴訟的原告為非正職僱用的勞工，他們認為自己與正式員工都是做一樣的工作，卻未能得到同樣的獎金（大阪醫科藥科大學事件）或退休金（Metro

Commerce事件），主張這樣的待遇不公，然而最高法院認為原告所主張的兩個事項都「不至於是不合理（不合情理）的」，宣判原告敗訴。

為什麼日本會發生這樣的情況呢？我曾經在日本企業上班，也有在外商公司、國外的企業上班的經驗，**在日本企業上班與在外商公司上班最明顯的差別，在於工作內容的指派是否明確**。我覺得這一點就是同工不同酬的問題所在。

日本企業通常都是在畢業季的時候招募應屆畢業生作為公司的新血，並且讓這些新進員工定期地在各部門或不同的職務間輪調，學習各種工作業務。其他國家的企業也有類似的作法，但日本企業有時也會讓那些從別間公司跳槽過來的員工在不同的職務或工作地點之間輪調。另一方面，日本以外的其他國家在招募新人時，通常都會有關於招聘職務的描述，明確地告訴應徵者「我就是聘你來做這項工作」。舉例來說，我之前在日本企業工作，有時候要擬定推銷公司產品的行銷策略，有時候又要做業務開發的工作，當公司開發新的業務時，還要管理合約書或者是規劃網頁的設計等等，身為公司的一份子，就要應付主管交辦下來的各種工作。

不過，我在外商公司上班的時候，除了我當初找工作時應聘的職務，其他的任何

日本企業
外資企業
市場行銷的工作
就交給你！
放心
交給我吧！
市場行銷
製作
經營
什麼都得做，
什麼都得會……
對於分派的工作
有明確的回報

工作都不用做。我以市場行銷專家的身分進入公司以後，不曾被交辦業務開發、網頁規劃等等的其他工作。簡單來說，國外的企業會給予員工明確的工作內容以及相應的報酬。

話雖如此，考慮到日本一直以來的應屆畢業生統一錄用、年功序列、終身僱用等企業文化也漸漸地在消失，我想日本在不久的將來也會形成與國外企業相似的公司制度。另外我要強調一點，我並不是說日本的企業文化或經營方式就是比不上別人，只是單純地點出日本企業與國外企業的差異而已。

2sho 04

勞動制度改革能讓我們的錢增加嗎？

●何謂勞動制度改革？

我們現在常常都會聽到「勞動制度改革」這個名詞，但什麼叫做「勞動制度改革」？作為勞動制度改革掌旗手的日本厚生勞動省給出了以下的定義：

「勞動制度改革」是為了讓勞工都能夠自行「選擇」勞動方式，這些勞動方式具有彈性空間且多元化，可讓勞工因應各自的突發狀況。

只看這樣的文字敘述，好像還是有那麼一點不能理解吧。那麼我就分別從厚生勞

重新評估勞動時間法制

① 規定加班時數的上限

② 督促企業導入「工作間隔」制度

③ 企業有義務使每人每年都享有5天的年假

④ 每月加班時數超過60個小時，則應提高超出時數的加班費

⑤ 企業有義務客觀地審視勞動工時

⑥ 擴充「彈性工時制」

⑦ 新增「高度專業性制度」

動省所提出的兩項改革重點，針對勞動制度改革的整體樣貌進行說明吧。

第一項改革重點是**重新評估勞動時間法制**。不曉得各位是否都察覺到一件事，那就是日本人其實有超時工作的傾向。打開電視，也經常在新聞節目上看見**過勞死**（註15）的報導。所謂的勞動時間法制，是希望透過減少過度勞動，守護勞工的身心健康，並實現多樣化的「工作與生活平衡」。

第二項改革重點則是**確保勞工不拘僱用型態，都能受到平等待遇**。這句話的意思看起來有點難懂，但已經讀過本章關於「何謂差距？」的讀者應該都能了解吧。這項政策禁止企業對公司內的正職員工與非正職員工制

（註15）**過勞死**
因勞動過度導致積勞成疾而死。「過勞死標準」為日本對於過勞死的認定基準，法律上規定，當勞工的加班時間在「發病前一個月內超過100個小時」或「發病前二～六個月內，平均每月超過80個小時」，即可認定勞務與病發具有關聯性。

訂出不合理的差別待遇，包括基本薪資、各種獎金等等的一切員工待遇。所謂的「不合理」指的是不合情理或不合道理，但對於企業的經營者來說，或許不是那麼容易判斷出怎樣的規定叫做不合理。因此，厚生勞動省的官方網站上，除了寫出適用於全體企業的準則，也按照各個業界列出清楚的參考指引（方針），例如：超級市場業界篇、汽車製造業界篇等等。

●為確保勞動力，所以進行改革？

那麼，為什麼日本政府要推動勞動制度改革呢？日本推動這項改革的背景，在於日本面臨了一項問題。左頁的圖表為日本厚生勞動省公布的日本人口變遷圖。日本的人口持續減少，**少子化及高齡化**（註16）的問題也愈來愈明顯，到了二〇六五年，總人口數估計將少於一億人，甚至跌破9000萬，其中表示六十五歲以上的老年人口占總人口數的高齡化比率將達到38％。另一方面，六十五歲以下在職勞動的青壯年人口則會減少至總人口數的5成。於是日本政府提出了四項政策。

這四項分別是**①錄用高齡者、②女性投入勞動市場、③善用外籍人士的勞動力、**

（註16）**少子化及高齡化**
在少子化及高齡化持續發展的過程中，最常被提到的數據，就是每一位老年人（六十五歲以上）必須由幾位青壯年人口（十五到六十四歲）扶養才行。從這項數據來看，一九五〇年的日本大約是由十二名青壯年扶養一名老年人，但到了二〇六五年，幾乎一名青壯年就必須扶養一名（1.3人）老年人。

日本的人口變遷

〇日本近年來面臨了人口減少的局面。2065年的總人口數預估將跌破9000萬人，而高齡化比率則將達到38%。

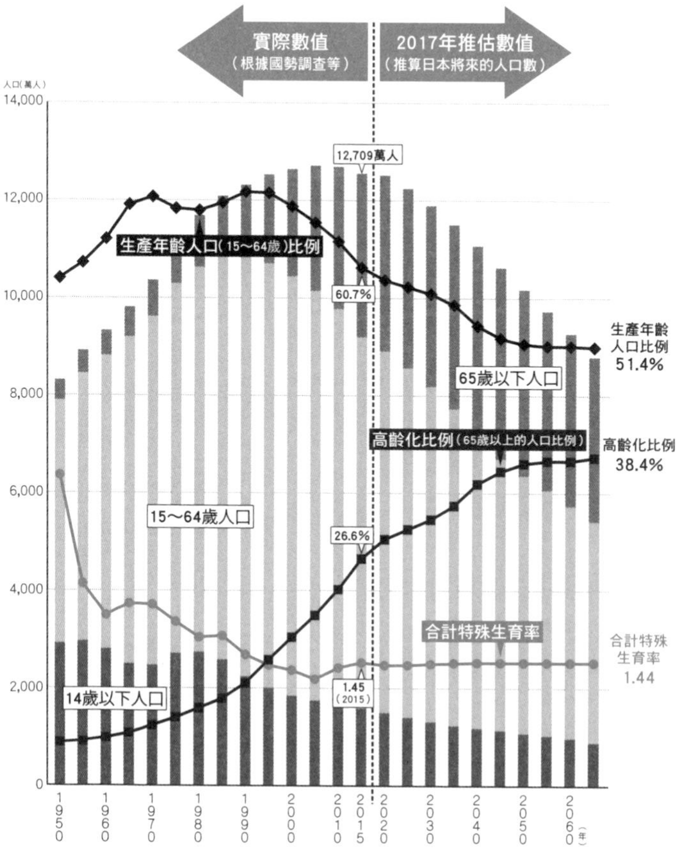

（出處）：日本總務省「國勢調查」、日本國立社會保障暨人口問題研究所「推算日本將來的人口數（2017年推估）、出生中位數與死亡中位數推估」（各年10月1日當下人口）、日本厚生勞動省「人口動態統計」。

④使用IT及AI技術。其中，若要實現①與②，就必須推動勞動制度改革才行。

讓女性投入勞動市場是重點之一，然而女性在工作職場上卻面臨許多困境，包括生育造成職涯、年資中斷、生育後是否能順利返回職場，以及如何兼顧家庭及工作事業。我與我的太太都有自己的工作，更何況我們還有三個孩子，所以我能夠了解職業婦女的辛苦與不容易。那麼，這裡有問題要考考你們。

問題

在日本，大約有幾成的女性由於生產及育嬰的因素而離開職場？

1 **約3成**
2 **約5成**
3 **約7成**

附帶一提，錄用高齡者與女性投入勞動力市場是同樣重要的對策，在日本約有7成以上的人也表示就算過了六十五歲，還是想要繼續工作。不過，最多人希望的是以兼職人員的身分工作，而不是成為正職員工。

以第一胎生產的年分看女性在第一胎生產前後的就業變化

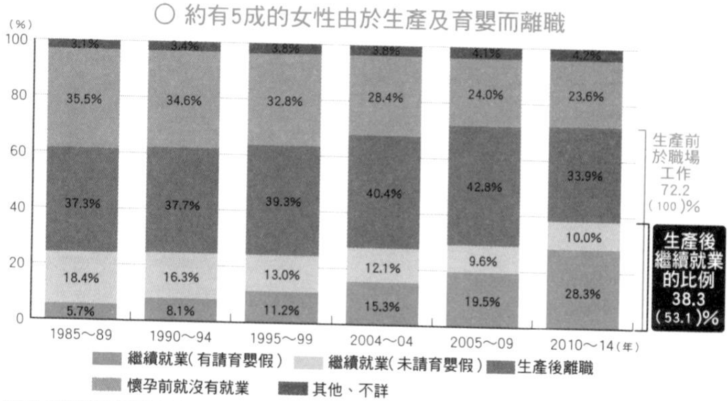

(註)：括號內的數字是將生產前就有工作的人數當作100，算出生產後繼續就業的人數比例。
(出處)：根據日本國立社會保障暨人口問題研究所「第15回出生動向基本調查(夫婦調查)」。

那麼，各位覺得答案是哪一個呢？

正確解答是②約5成。各位看到5成這個數字以後，有什麼想法嗎？

我個人覺得非常吃驚。因為，自從女性投入生產力以來，其實已經過了很長一段時間，而且我記得也有愈來愈多的報導，都說關於請育嬰假的男性、在公司內成立托嬰中心的企業都在增加等等，可是實際上還是有將近一半的女性因為要生小孩而辭掉工作。

若要讓女性願意積極地投入勞動市場，就必須打造出一個友善的職場環境。我相信，這樣的方式有助於改善少子化的問題。

2sho 05

為什麼我們繳納的稅金會隨著收入而改變？

何謂累進稅率制度？

在我還是個小學生時，有一次我說：「成為一流的職棒選手，就可以拿到一億日圓欸，真的好好喔。」結果有個比較成熟的同學說：「你不知道有一半都要拿去繳稅金嗎？」當時我根本聽不懂他在講什麼，直到上了國中，知道所得稅的存在以後，才稍微理解那位同學在講什麼。不過，我那時候也覺得很絕望，因為一想到不管自己賺了多少錢，都要被拿走一半，就覺得政府實在太過分了，一直到後來才發現這也是錯誤的觀念。

我想已經進入社會工作的人當然能夠理解這是怎麼一回事，因為日本的所得稅是採用累進稅率。日本國稅廳的官方網站上的說明如下：

個人綜合所得稅扣除分離課稅（註17）的項目以後，適用稅率分為5％～45％等七個級距。
使用以下的速算表，即可算出課稅所得金額（千日圓以下的數字捨去不計）的應稅金額。

也就是依據個人的所得多寡，應繳納的稅金也會不一樣。

例如：課稅（應納稅）所得金額為100萬日圓的話，那麼採用的稅率是多少呢？

答案是七個級距當中最低的5％。也就是說，個人收入只有5萬日圓會變成稅金上繳國庫，絕對不是100萬日圓的一半，也就是50萬日圓，所以各位可以放心。

實際算算看你的所得稅，會出現怎樣的結果？

那麼，我們就來看一下實際的所得稅稅率吧。85頁的表格是日本國稅廳官方網站

（註17）**分離課稅**
所得稅的計算方式分為兩種，一種是針對個人的年度所得進行課稅（綜合課稅），另一種則是分別針對退休金、售屋所得等非經常所得進行課稅（分離課稅）。因股票買賣或發放股利而來的所得，也都屬於分離課稅。

公布的表格，我想這張表格的內容應該不難看懂，所得愈高，適用的稅率也會愈高。那麼，這裡有個問題要考考各位。

問題

假設課稅所得金額為400萬日圓的話，須繳納的所得稅是多少呢？

1 37萬2500日圓
2 80萬日圓
3 140萬日圓

從這張表格來看，4000萬以上的所得適用的稅率為最高的45%，所以我也搞清出當時那位同學所說的「一億日圓身價的選手有將近一半的所得都會變成稅金」是什麼意思了。

各位算出答案了嗎？有些人的答案說不定是錯的。正確答案是①37萬2500萬日圓。

如果各位以為「400萬日圓的稅率是20%的話，正確解答應該是②80萬日圓才

所得稅的稅率

課稅所得金額	稅率
1千日圓～194萬9千日圓	5%
195萬日圓～329萬9千日圓	10%
330萬日圓～694萬9千日圓	20%
695萬日圓～899萬9千日圓	23%
900萬日圓～1799萬9千日圓	33%
1800萬日圓～3999萬9千日圓	40%
4000萬日圓以上	45%

（出處）：日本國稅廳官網

對」，那就大錯特錯了。各位如果不曉得**日本的累進稅率制度其實是採用「累進差額」**的話，算出來的答案就會是錯的。所得稅並不是直接把課稅所得金額全部乘以適用的稅率，而是只要把超過前一個級距的金額乘以相應的稅率即可。不過，這樣的計算方式要分次計算，所以會有點麻煩。

年度綜合所得為400萬日圓的人適用以下的計算方式：

- 在400萬日圓當中，**超過**330萬日圓的其他部分，也就是70萬日圓的所得適用20%的稅率

所得稅的速算表

課稅所得金額	稅率	扣除額
1千日圓～194萬9千日圓	5%	0日圓
195萬日圓～329萬9千日圓	10%	9萬7500日圓
330萬日圓～694萬9千日圓	20%	42萬7500日圓
695萬日圓～899萬9千日圓	23%	63萬6000日圓
900萬日圓～1799萬9千日圓	33%	153萬6000日圓
1800萬日圓～3999萬9千日圓	40%	279萬6000日圓
4000萬日圓以上	45%	479萬6000日圓

（出處）：日本國稅廳官網

- 在330萬日圓當中，**超過**195萬日圓的其他部分，也就是135萬日圓的所得適用10％的稅率
- 195萬日圓全部適用5％的稅率得到的公式如下：

（195萬日圓×5％）＋（135萬日圓×10％）＋（70萬日圓×20％）＝37萬2500日圓

各位覺得如何呢？

這樣子計算真的很麻煩吧。所以，其實我們會使用一個更快速的表格。

使用這個表格的話，

（400萬日圓×20%）－42萬7500日圓＝37萬2500日圓

就可以立刻算出答案了。

稅金的真相

常常聽到有人說：「政府浪費我們的納稅錢！」人民辛辛苦苦賺錢，卻有一部分要用來繳納稅金，所以自然希望政府可以好好地運用他們的納稅錢。或許有不少人對於稅金的印象，都只記得用在**社會保障**（註18）或公共建設的營運費用，不過除了這兩項用途以外，其實稅金還有各種不同的作用。這邊就來跟各位簡單地說明一下吧。

首先是**財富的重新分配**。如同我們前面所述，納稅人的所得愈多，要繳納的所得稅就愈多。簡單來說，比較會賺錢的人就要繳比較多的稅金給國家。國家運用這些稅金推行社會福利等等，這些待遇是全體人民都可以平等享有的，因此只要有錢人負擔多一點，沒錢的人就會減輕負擔，進而形成財富的重新分配。

其次是能夠**自動調節景氣或通貨膨脹率**。比如：當經濟景氣變好的時候，人們的

（註18）**社會保障**
細分為年金、醫療、長照、兒童福利等等，為日本一般會計歲出的最大支出項目，約占三分之一。社會保障的經費原則上由社會保險費負擔，但光靠社會保險費已經無法維持時，便會以稅金或國家舉債等財源填補不足的部分。

收入便會跟著增加，消費也會變得比較大手筆。這麼一來，商品或服務的需求自然也會增加，而當供給跟不上需求時，物價就會愈來愈高。因此，政府讓所得高的人適用高稅率，藉此減少**可支配所得**（註19），讓手頭資金充裕的人不容易過度消費，便能夠抑制景氣過熱。相反地，當經濟景氣變差時，本來就賺不多錢的人還是不會增加所得，依舊適用原本的低稅率，所以可支配所得與原來的不會相差太多，也不會讓人民減少消費的欲望。因此，**累進稅率制度具備自動穩定景氣波動的作用**。而這樣的機制就稱為內在穩定機制（Built-in Stabilizers）。「Built-in」的意思為「內建」，而「Stabilizers」的意思則是「穩定器」。這麼一想，我們就能夠了解這樣的稅率制度確實具備相當不錯的機制。

除了所得率，還有各式各樣的稅金，而且稅金不光只有上述提到的作用，有時其實也有其他目的。例如：國家會透過徵收稅賦的手段，抑制一些令人不樂意的行為。抽菸有害身體健康，而國家對菸品課稅、加重稅率，就有可能讓抽菸的人數減少。另外，針對進口商品課徵較高的關稅，則是能夠保護國內產業。許多人之前都只知道稅賦是某些用途的經費，希望各位從現在開始都能知道並非全然如此。

（註19）**可支配所得**

指薪資或津貼等一切所得扣除各種稅金、社會保險費等非消費性支出以後，個人可自由運用的所得。可支配所得再扣掉生活費等消費性支出以後，即為家庭收支上的盈餘。

所得稅的2種功能

所得稅的功能①「財富的重新分配」

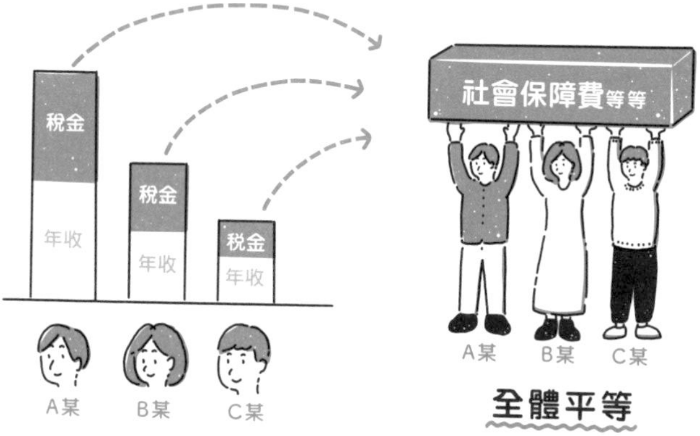

所得稅的功能②「調節景氣與物價」

COLUMN

勞動制度改革造成薪水減少？

這也叫改革嗎？

提起勞動制度改革，都會讓人以為是一件美談。

但以目前的狀況來看，卻讓人覺得勞動制度改革的理想與實際背道而馳。政府積極地在大企業之間推動勞動制度改革，但真的問了在大企業上班的朋友、熟人以後，才知道有些時候的勞動環境反而變得更糟。

舉例來說，有些公司會實施強制下班的措施，只要到了表定的下班時間，公司的電腦就會自動鎖定或關機等等。乍看之下或許還會以為這真是一間有良心的企業，但要是員工做不完工作，又不能在公司繼續工作的話，就只好把工作帶回家，或是一起到公司外面的租借會議室、共同工作室等等繼續加班。

這樣一來，**實際上的工時長度根本就沒有改變，但留在公司紀錄上的勞動時間卻**

減少了，結果少了本來應該要拿到的加班費，再將實際領到的薪資換算成時薪，就會發現實得的時薪減少了。

另外，由於新型冠狀病毒的疫情爆發，日本的大企業也開始推廣居家辦公（遠端上班）的模式。有些人或許會覺得在家裡工作比較輕鬆，我卻深深體會到居家辦公的苦頭。例如：遠端會議不需要人員移動，所以公司的會議變一場接著一場，從早到晚、每一個小時就得開一場會。而且，全部工作都是透過網路進行，所以不管早上也好，晚上也罷，幾乎無時無刻都在工作。這麼一搞，完全沒有工作與生活的平衡可言。

而且，自從宣布進入疫情警戒以後，幼兒園和小學也都停課，所以白天還必須陪小孩子，根本就沒辦法專心做事情，結果只能等孩子入睡以後才能開始工作。

日本在推動改革政策時經常遭人詬病，若只重視結果卻沒考慮到如何實現，那麼倒不如別實施。

除了推動勞動制度改革，日本政府也訂定各種改革目標，例如：解決政治、經濟、人口以及社會資源等過度集中於東京的現象「東京一極集中」、提升勞動生產力等等，但一切的改革政策都只重視結果的話，受苦的都是老百姓。

正是因為如此，我認為我們都必須具備相關的知識涵養，隨時盯緊政府推動的政策。

3章

該怎麼做
才能存下未來的錢呢？

3 sho 01

養育孩子一共要花多少錢？

●養孩子很奢侈？

應該連小學生都知道日本少子化與高齡化的問題愈來愈嚴重。那麼，各位知道為什麼孩子會愈來愈少嗎？

我們來看看幾張由日本財務省公布的「青壯年各年齡層的結婚相關狀況」的圖表。

每一張圖表都是呈現一九八〇年～二〇一五年之間每五年的變化。我想各位應該也能從這幾張圖表發現，日本人晚婚的情況愈來愈普遍，未婚男性或未婚女性的人數都在增加。

男性與女性的未婚率變化

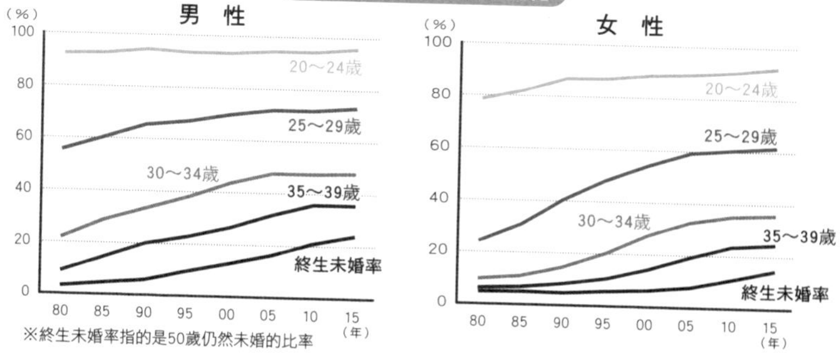

※終生未婚率指的是50歲仍然未婚的比率

男性與女性的平均初婚年齡

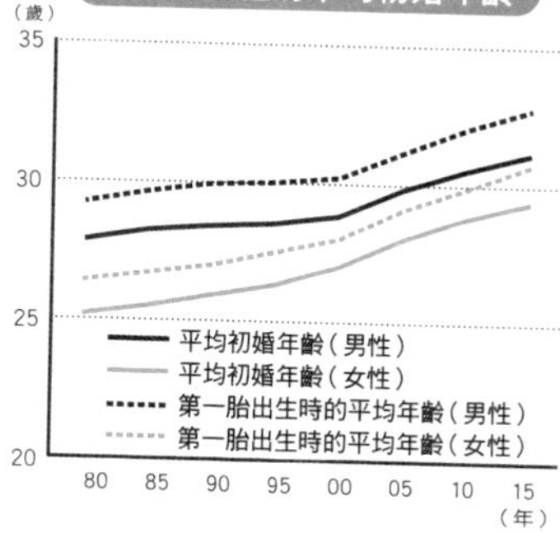

未婚者的結婚意願變化

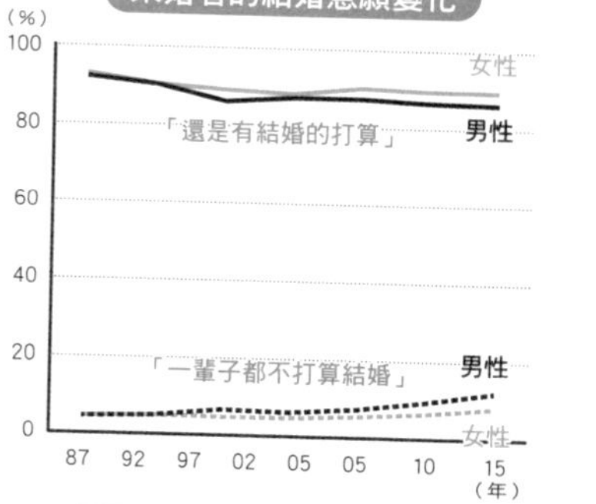

男性的非正職雇用比率

※2001年以前的數據出自「勞動力特別調查」，2002年起的數據出自「勞動力調查詳細集計」。兩份調查的調查方式等等不完全相同。

男性與女性的年收別已婚率

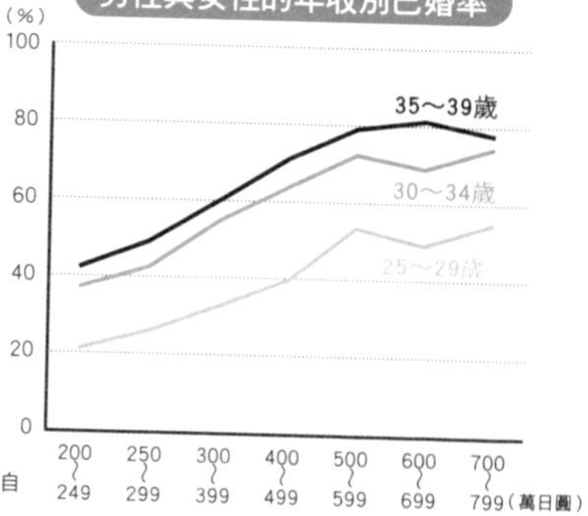

（出處）：皆出自日本財務省「青壯年年齡層的結婚相關狀況」。

同樣根據這份調查，未婚者對於結婚的意願回答「不打算結婚」的比率只上升一點點，大部分的未婚者都是回答「還是有結婚的打算」。那麼，為什麼日本人明明有結婚的意願，但未婚的人還是愈來愈多，晚婚的情況愈來愈嚴重呢？

造成日本人不易踏入婚姻的最大障礙，無疑就是經濟收入方面的問題。從年收別的結婚率來看，低年收的人幾乎都沒有結婚。另一方面，男性的非正職雇用比率愈來愈高，然而非正職雇用的薪資通常都比較低。

日本人的平均年收減少，非正職雇用的人數愈來愈多，這樣弔詭的情況已經持續了好幾年，而結果就是愈來愈多年輕人都決定「不結婚、不生小孩」。

若考慮到女性一生中的生育子女總數（**生育率**（註20））目前尚未有明顯的減少，現在養育孩子應該變成了一件相當奢侈的事吧。

●養大一個孩子不容易

以國家的立場而言，本來就不應該放任這樣的情況繼續惡化，不過我們這本書是

（註20）**生育率**
根據生育率的變化，可知二〇〇五年的1.26為生育率最低的一年。二〇一九年的生育率為1.36，與二〇〇五年相比微幅上升，但生育率自二〇一六年起連續四年下降。另外，第二次嬰兒潮發生在一九七三年，該年的生育率為2.14，第一次嬰兒潮則出現在一九四九年，該年的生育率為4.32。

關於學習金融知識與教養的書籍，所以這邊我便不多批評，接下來就帶各位來看看養育孩子的花費。

我自己本身有三個孩子，不管是學生時代的好友，還是以前跟我同時進入公司的前同事們，許多人也都晉升為父母了，所以在聚餐喝酒時，經常聊到養孩子要花的錢、孩子上學的花費等等。那麼，這裡有個問題要考考各位。

問題

假如孩子從幼兒園、國小、國中，一路到高中、大學都是讀公立學校的話，請問總共要繳多少學費？假設孩子完全不住學校宿舍或在外租屋，也不考慮幼兒教育免學費化或高等學校等就學支援金制度（註21）**。**

1 約1千萬日圓
2 約3千萬日圓
3 約5千萬日圓

我在小學及國中時都是就讀公立學校，只是國中升高中時，申請書上的分數太低

（註21）**高等學校等就學支援金制度**
不論公立、私立高中，若學生的家庭收入狀況（父母親任一方就業，家中有一名16歲以上高中生、一名國中生，且年收入未達910萬日圓）符合條件，國家將撥發高等學校等就學支援金用以支付學費。

就讀公立幼兒園～公立大學的學費

	計算公式	總　額
公立幼兒園	22萬6347日圓×3年	67萬941日圓
公立小學	32萬1281日圓×6年	192萬7686日圓
公立國中	48萬8397日圓×3年	146萬5191日圓
公立高中	45萬7380日圓×3年	137萬2140日圓
公立大學第一年度	107萬日圓＋71.4萬日圓	178.4萬日圓
公立大學第2～4年	107萬日圓×3年	321.0萬日圓
總　計		1042萬9958日圓

Manene股份有限公司根據日本文部科學省「2018年度孩童學費調查」、日本政策金融公庫「2019年度學費負擔實際情況調查」製表。

了，沒辦法進入縣立高中就讀，所以高中讀私立學校。二〇二〇年通過了「高等學校等就學支援金制度」，現在不論是就讀公立學校還是私立學校，上大學之前幾乎都不需要繳交學費，但我在學生時期還沒出現這樣的制度，一想到當時讀私立高中繳的學費貴得嚇人，就覺得那時的自己在用錢這方面真是太不孝了。

言歸正傳，各位知道答案是哪個了嗎？

正確解答是①約1000萬日圓。根據日本文部科學省於二〇一九年十二月公布的「二〇一八年度孩童學費調查」，幼兒園到高中都就讀公立學校的話，學費為543萬5958日圓。而根據日本政策金融公庫於二〇二〇年三月公布的「二〇一九年度學費負擔實際情況調查」，就讀國立大學且四年以來皆未住宿或租屋的話，大約要花費499・4萬日圓。合計1042萬9958日圓。

育兒這件事的重要性

看到這個金額以後，有些人可能會開始擔心將來，有些人或許覺得沒什麼感覺。不過，假如想在老年時過著不愁吃穿的日子，那麼我就必須在退休前存到2千萬日圓（**退休後2千萬日圓問題**（註22）），可是光養一個孩子就要花超過1千萬日圓，所以一想到這個問題就讓我傷透腦筋。因為不管怎麼說，我有三個小孩要養，所以就算用最單純的方式來計算，要花的錢依然是別人的三倍。

要是孩子想要上補習班學才藝、讀私立學校、出國留學，身為父母親當然希望能夠竭盡全力地支持孩子，不想要因為經濟因素而拒絕孩子。只是，除了這1000

（註22）**退休後2千萬日圓問題**
起源於二〇一九年六月由日本金融廳審議會市場工作小組彙整的報告書「高齡社會的資產形成與管理」的問題。該報告書指出，退休後如果只靠著年金收入，那麼這二、三十年間的生活花費至少需要2千萬日圓左右的資金。

萬日圓的學費以外，給孩子買衣服、玩具、各種用品都要用到錢，如果還考慮到將來讀大學，也必須提前給孩子準備學費跟生活費。

看到這些細項的花費以後，不管是誰在結婚前都會開始擔心「我到底能不能好好地養大孩子」吧。更何況工作性質還是相對不穩定的非正職雇用的話，擔心與不安的心情肯定也會更加明顯。

人民愈認真思考生養孩子的問題，少子化的情況就愈來愈嚴重，真的是一件相當令人惋惜的事，對於國家而言也是相當不利的狀況。

我們在養育孩子的過程中，便能體會到父母當時照顧我們的心情。這是養育三個孩子讓我最有感觸的一件事。

成為父母以後，我們才會去思考小時候想都沒想過的事情，思考自己的父母在當時是否也是同樣的想法等等。我認為，我們透過養育孩子進行某種意義上的修行，藉此讓我們心中希望後代子孫能在一個美好國度安居樂業的想法種子萌芽，讓身為國民的我們都有機會去思索國家應該做的事情。

換言之，當許多人都不得已而選擇不婚不生時，若是放任這樣的情況不管，就會形成一股「只要顧好當下、只要顧好自己」的風氣，導致愈來愈多人都沒有機會去思考國家的職責以及未來。

那麼，該怎麼做才能夠改變這樣的社會趨勢呢？首先，我認為最重要的**是每一個人都要關心政治、經濟，由這一點開始做起，慢慢地讓更多人都擁有這樣的意識**。一個人做也許沒有任何意義，但是積沙能夠成塔，滴水也能穿石。

在行動的過程中或許也會遇到與自己意見相反的人，遇到不愉快的事情，但這些也都是相當珍貴的經驗。

我們就從這本書或其他本書籍汲取知識，清楚理解以後再以自己的方式讓更多其他人也認識這些內容，並且接受來自他人的回饋，檢視並修正自己傳達給他人的內容是否恰當。這時，我們就又會汲取新的資訊，然後再次向外輸出。我認為，只有不斷地透過這樣的循環，我們才能學習到真正的素養。

3 sho 02

長照與費用的問題

離不開你我的長照問題

看到「長照」兩個字，各位想到什麼呢？也許各位的腦海裡浮現的是照顧年事已高的父母，或者是自己年老以後的樣子，但其實長照的關鍵字未必是「高齡」。而且，我們可能需要長期照顧別人，也有可能需要長期被人照顧。

例如：當我們由於運動傷害、疾病、交通事故等因素，造成身體無法自由行動時，就必須受到長期照護。而且，我們也可能因為上述的種種因素，而必須成為某個人的照護者。換句話說，不管是哪個年紀的人，都可能面臨照顧他人或受人照顧的情況。

最近時常耳聞所謂的「**年輕照護者**(註23)」，這是指未滿18歲且必須照顧家人的青少年，而這些十幾歲孩子理應是跟學校的朋友玩耍，或是埋頭於學業、社團活動的年紀。回想我在十幾歲的時候，家事也是全部都丟給爸媽處理，自己的時間全部都是用在自己身上。然而，一旦家裡有人需要照顧時，這些孩子不只必須照顧家人，還得幫忙分攤家事，同時又得兼顧學業或社團活動。這樣的結果，造成許多孩子的學校生活或升學方面都出現了問題。

我們不曉得自己什麼時候會成為他人的主要照護者，也不知道自己什麼時候需要一直有人照顧。正因為如此，我們才必須趁著自己身體還健康的時候，好好地了解長照所需的費用，學習應該如何去面對長照這件事。

長照是需要費用的

很抱歉跟各位說了許多「人活在這世上就是一直在花錢」的負面消極的話，但逃避現實也沒什麼意義，所以還是打起精神來看看一些資料吧。

不必多說，長期照護自然也是需要花錢的。那麼，這裡有個問題要考考各位。

(註23) **年輕照護者**

根據日本政府於2021年公布的實態調查，受訪的國中二年級學生約有5.7%、公立高中(全日制等等)二年級學生約有4.1%回答「家裡目前有人需要他們照顧」。再根據日本文部科學省的統計數據換算，約有5千5百名的國中二年級學生為年輕照護者，高中二年級學生則約有4千2百人。

問題

用於長期照護的每月花費平均是多少？

1 約2・6萬日圓

2 約5・4萬日圓

3 約7・8萬日圓

根據公益財團法人生命保險文化中心公布的「2018年度生命保險相關全國實態調查」，設置無障礙空間、購買輪椅或床墊等看護用品的費用，平均約為69萬日圓。

那麼，這題的答案是哪一個呢？

正確解答是③約7・8萬日圓。這裡指的每月花費，包含前往日間照護中心等照護機構或申請居家照護的費用、醫療費或尿布費等長期支出的費用。不過有一點要特別注意，每個人花在長期照護的費用也會因為**需照護程度**（註24）的不同而有所差異。例如：在前述的調查中，有15・8%的人每個月需花費15萬日圓以上的長照費

（註24）**需照護程度**
在日本若要申請長期照護保險服務，就必須進行需支援、需看護的程度認定，分為可自立自主、需支援1～2、需看護1～5共八個程度。二〇一九年四月末認定為需看護者共有659萬人，人數是二〇〇〇年四月末的三倍。

長照費用的變化（月額）

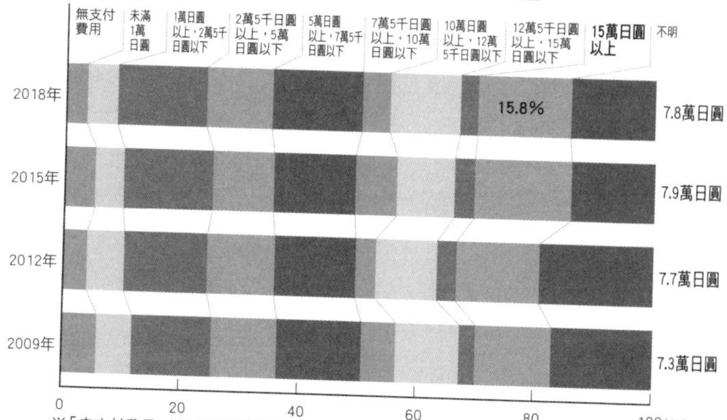

※「未支付費用」以0日圓計算平均

（出處）：公益財團法人生命保險文化中心公布「2018年度生命保險相關全國實態調查」。

用，也就是約有一成五的人所花費的金額是平均金額的兩倍。

●別只是以金錢衡量

我們在第1章曾經學過關於「亂花錢」以及「奢侈」。不過，我希望各位都能注意一件事，就像我在第1章講過的一樣，**並不是不花錢才是對的，只要是用在最好的選擇，那麼我們就可以使用這筆錢；面臨二擇一的選擇時，無條件地選擇花費較少的選項，也不是絕對正確的做法。**

各位知道為什麼我還要再強調一次嗎？因為這個觀念對於長期看護也是

相當重要的。申請長期看護時，通常都需要決定「居家看護」或「**付費老人安養之家**（註25）」。只比較費用的話，通常付費老人安養之家的每月開銷會比較高一點，所以許多人都會選擇居家看護。不過，遇到這種情況時，我都會希望各位回想一下先前我說的觀念。看護是一份需要專業的工作，只要各位都理解這份職業存在的理由，就會知道為什麼我會這麼說了。讓一個沒有看護經驗的人照顧一個需要照護的人，其實是一件非常辛苦的事情。在不熟悉看護技巧的情況下，協助對方洗澡、移動的話，就可能增加跌倒或受傷的風險，這對於看護者與被看護者而言都很危險。

此外，長期看護也是一件相當考驗體力以及心力的工作。在某些情況下，主要看護者可能會不堪負荷，結果最後跟著一起累倒。因此，我才會希望各位都要提醒自己，不能只是比較每個月的費用差距就做出決定。

假如受照顧的人需要他人協助移動，排泄如廁也需要別人幫忙，那就跟照顧嬰兒沒什麼兩樣。但成年人的重量自然不能跟只有幾公斤的小嬰兒比，就算是個老年人，體重還是有幾十公斤。而且對方也不是啞鈴，而是個活生生的人，所以照護者在協助對方移動時，就會覺得比實際重量更加沉重。被照護者半夜需要如廁時，照

（註25）**付費老人安養之家**

付費老人安養之家大致上分為三種，分別是看護型、住宅型，還有健康型。看護型通常都會有照護服務。使用住宅型的長者，基本上可以自己生活，有必要時才會接受訪視看護。而使用健康型的長者，只有在緊急情況時才會接受照護服務。

護者就必須跟著起床；如果對方可能會從床上跌落，就算時間再早，照護者也得起床協助對方下床。

一年三百六十五天，一天二十四個小時，一直做著龐大的體力活，同時還得兼顧工作、家事或育兒，這對於身體與精神而言，都是相當大的負擔。其實我的父母也有過居家看護的經驗。實際擔任主要照顧者的母親，以及了解這些狀況的父親，都表示：「將來我需要別人照顧時，就讓我去長照中心吧。」想必是他們不希望孩子也跟他們承受同樣的痛苦吧。

長期照護真正的辛勞，恐怕只有當事者才能夠體會。也許有人會認為「照顧自己的父母是天經地義的事」，但這樣的社會氛圍卻也曾經造成悲劇發生。愈是不懂變通的人，就愈容易認為應該自己的父母應該由自己照顧，把所有的責任都扛在肩上，只是一旦身體與心理都不堪負荷時，就有可能發生虐待悲劇，更嚴重的情況還可能結束對方的生命，或與對方同歸於盡。

並非任何事情都能用金錢來衡量與決定，更重要的應該是做出通盤的考量，並且預測將來可能發生的種種情況，最後才能做出合情合理的判斷。

3 sho 03

可以相信退休金嗎？

●退休金究竟是什麼？

對於現在正在找工作的應屆畢業生來說，公司給予新進員工的薪資或是工作獎金等等跟錢相關的問題，應該是他們決定要進入哪一間公司上班的因素之一吧。

另外，對於正在考慮換工作的人而言，新職場的年收或退休金制度等等同樣與錢相關的問題，應該也是他們考慮的重點之一吧。

縱使每個人工作的目的不盡相同，作為工作回報所得到的金錢還是非常重要的。

各位聽到工作回報這四個字時，大概都會直接聯想到薪水，但其實退休金也稱得上是一種工作回報。

以前經常聽到有人說自己要工作到60歲，並在屆齡退休的同時將退休金當成資金，跟太太一起開一間餐飲店。我在小時候也聽過許多類似的話，所以一直覺得自己退休以後也領得到退休金，但自從出社會工作，見識到這社會的形形色色以後，便開始覺得「還是別對退休金抱著太多期待比較好」。

我想，每個工作年齡層對於退休金的期待大概都不太一樣，首先我們就先來看看退休金的制度本身吧。

日本的退休金制度大致上分成四種。

由公司提撥全額退休金的制度中，一次領取（一次給付）的制度稱為「**退職一時金制度**」，分次領取（按月給付）的制度稱為「**退職年金制度**」。

另外，有些企業則會透過外部機構提撥退休金。像這種情況的話，一次給付形式的制度有「**中小企業退職金共濟**」、「**特定退職金共濟**」，而按月給付形式的制度則有「**厚生年金基金**」、「**確定給付企業年金（DB）**」、「**確定提撥制年金**（註26）（**企業型**

（註26）**確定提撥制年金**
根據已提撥的金額以及該項金額的運用收益之總計，決定將來給付金額的年金制度。此種年金制度又分為由雇主提撥資金的企業型年金，以及由個人提撥資金的個人型年金（iDeCo），不論企業或個人皆享有各種稅務優惠，提撥的資金將運用在定期存款或基金。

DC／401k）」。

順帶一提，據說日本的退休金制度，起源於江戶時代商家將有自家商號的「**暖簾**（註27）」送給伙計的習慣，而受贈的夥計便擁有以同一個商號開店做生意的權利。

後來，商家漸漸地不再贈送暖簾，改成了由雇主與夥計雙方共同存下一筆錢，等到夥計工作期滿退休時，雇主便會將這筆錢交給夥計。日本在第二次世界大戰以後形成終身雇用制時，現行的退休金制度也早已經普及了。

不過，**日本一直以來的終身雇用制、年功序列等經營模式已經慢慢地在瓦解，與此同時，退休金的金額也在減少，因此認真說起來，退休金制度也漸漸地在消失**。

●那麼我們可以領到多少退休金？

對於每個月都會匯到戶頭的薪資，或是每半年可以領到一次的工作津貼等等眼前看得到的錢，我們可能都會比較敏銳一點，但對於退休金這種過了很久以後才能拿到的錢，我們就不是那麼地敏感。

那麼，這裡有個問題要考考你們。

（註27）**暖簾**
一般指店家掛在門口的布簾。不過這塊布上通常都會寫著這家店的店名，所以自古以來都會用來當作這家店的商譽等等。在會計的領域中，企業之間進行M＆A（企業收購）時，「暖簾」則用來表示對於被收購的企業而言的「品牌價值」。

問題

假設你在這間公司工作了三十五年，打算在六十五歲時退休，那麼你覺得你應該可以領到多少的退休金呢？（請假設你要在二〇二一年退休）

1 5百～1千萬日圓左右

2 1千～1千5百萬日圓左右

3 2千～2千5百萬日圓左右

追加這一句「請假設你要在二〇二一年退休」，是因為幾十年後的狀況不太可能跟現在一樣。雖然我也想要說些「將來領到的退休金應該會更多」等等正面樂觀的話，但實際上我們未來領到的退休金大概只會比現在還少，最糟糕的情況可能一塊錢也領不到……。

又不小心說了一些負面悲觀的話了，那麼各位知道這題的答案了嗎？正確解答是③2千～2千5百萬日圓左右。

各位是不是很意外可以領到這麼多呢？另外，說不定也有些人很疑惑為什麼這題的答案是「○日圓～○日圓」，而且還要以5百萬日圓為一個級距呢？

根據**日本經濟團體連合會**（註28）與東京經營者協會於二〇一九年進行的一項調查，「管理、事務、技術勞動者（綜合職）」的六十歲員工如果學歷為大學畢業的話，退休金為2255・8萬日圓；學歷為高中畢業的話，退休金則為2037・7萬日圓。

另外，根據日本人事院於二〇一七年公布的資料，關於退職一時金與企業年金（使用者提撥的部分）合計的退休給付金額，民間企業每人為2459・6萬日圓，公務員每人為2537・7萬日圓。由於調查對象的條件不同，得到的結果也不一樣，因此以大範圍的數值來看，正確解答才會是③。

（註28）**日本經濟團體聯合會**　簡稱「經團聯」，由1444間具代表性的日本企業、109個各行各業的全國團體，如：製造業或服務業等，以及47個地方經濟團體等等組成。經團聯為日本經濟的中心，與「經濟同友會」、「日本商工會議所」並稱「經濟三團體」。

●有些人可能領不到退休金

我們看了關於退休金制度以及平均的退休金金額，但說到底這些數字不過是調查的平均值，在不同企業工作，領到的退休金就會不一樣。

根據日本厚生勞動省公布的「二〇一八年度就業勞動條件綜合調查」，若以員工

企業規模與退休金制度的狀況

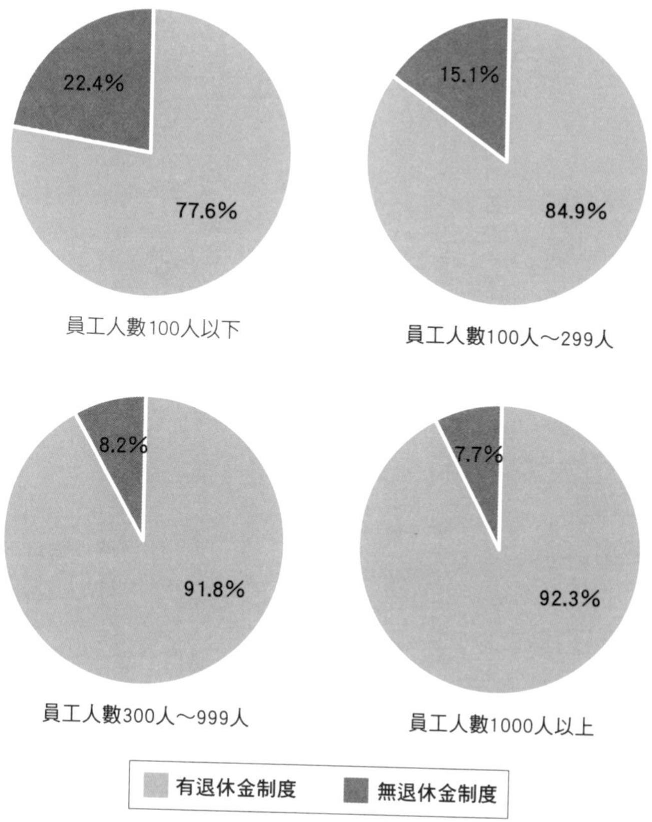

（出處）：Manene股份有限公司根據厚生勞動省「2018年就業勞動條件綜合調查」製圖。

人數區分的話，可以發現有沒有退休金制度的差別非常大。雖然是預料之中的事，但的確企業的規模愈大，就愈有可能有退休金制度。

這幾年以來出現了許多新創企業，也有許多人還在念書時就創業，二十幾歲時創業並且擴大公司規模的人也不在少數。

而且，新聞媒體也愈來愈常報導這些創業者或企業，所以讓許多學生都沒仔細考慮清楚，就覺得在這些新創企業上班比在一般的大企業上班更拉風，但論起退休金制度的話，當然還是大企業會更加完善。

我並不是想告訴各位哪個好或是哪個不好，只是如果有人恰巧正在找工作的話，我還是要奉勸你們，（就像我在這本書中一再提醒的一樣）任何事物都有它的好與壞，所以在做任何決定或判斷時，應該要冷靜地去衡量好壞之間的輕重，而不是一概而論哪個好或哪個不好。

3 sho 04

真的領得到年金嗎？

能不能領到年金也讓人感到焦慮……

我們前面聊了關於退休金，而像是我的父母或是其他長輩，大部分的人都打算把年金當成退休以後的日常生活費。只是，我在跟即將踏入社會的學生或正在工作的年輕人聊到這個問題時，我發現許多人對於年金都帶著比較悲觀的態度。認為自己連一塊錢都領不到的人雖然很少，卻有相當多的人都覺得自己在未來領到的年金大概會比現在少。

我們實際追溯國民年金（老年基礎年金）過去的給付金額，發現一九九九年度給付的國民年金為每人一年80萬4200日圓，而二〇一九年度則為78萬1000日圓，給付的金額只有略微減少。

不過，實際聽了許多人的想法以後，發現還是有不少民眾感到憂心。公益財團法人生命保險文化中心以全國十八～六十九歲的男性與女性為調查對象，統整出「二〇一九年度生活保障相關調查」，根據這份調查顯示，高達**84．4%的人對於老年生活「感到憂心」**。

查看細項原因，**82．8%的人認為「只靠國家的年金不足以過活」**，**57．4%的人認為「日常生活有障礙」**、**38．8%的人覺得「只靠退休金或企業年金不足以過活」**、**38．5%的人覺得「靠自己為將來做的準備還不夠」**。許多人都認為靠領年金並不足以支撐老年生活，必須趁年輕時努力儲蓄或運用，為將來做好規劃與準備。

●那麼，最後我可以領到多少年金？

在告訴各位具體的金額之前，我們先來簡單地看一下年金的架構。一般所說的年金指「公共年金」，公共年金又可以分為「國民年金」與「厚生年金」。

凡是二十歲以上、六十歲以下且居住於日本的人，都要參加「國民年金」；上班

年金的構造

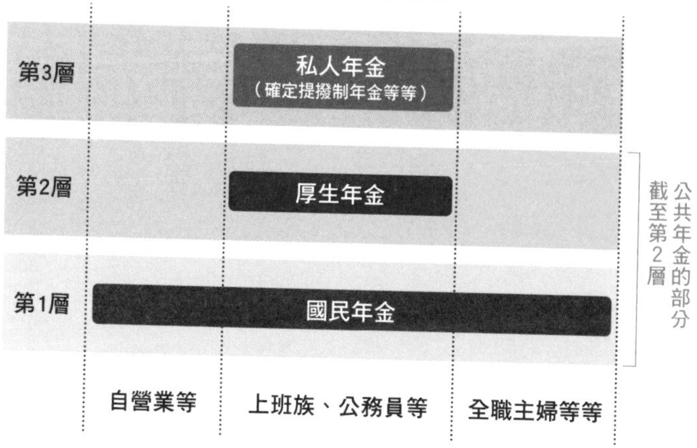

族或公務員參加的「厚生年金」，則是除了基礎的國民年金之外，另外再追加的一種年金保險。因此，經常有人將年金的構造比喻成「兩層樓」的建築。

除了上述的兩種年金，還有一種是由企業或個人提撥的私有年金。上圖中的第三層就是私有年金。我們在上一小節提到的ｉＤｅＣｏ就屬於私有年金。

一直悲觀消極地面對將來，狀況也不會變得比較好，倒不如先來了解一下目前可以領到多少的年金吧。那麼，這裡有個問題要考考你們。

問題

二〇一九年度末的厚生年金（已包含國民年金在內）的每月平均給付額為多少？

1 約14・4萬日圓
2 約18・8萬日圓
3 約23・2萬日圓

附帶一提，假如每個月領得到25萬日圓的話，那麼一年就有3百萬日圓。不過，正確答案當然是我列出來的選項之一，也就是說實際上如果只靠領取公共年金的話，那麼一整年還領不到3百萬日圓。

那麼我就來公布正確解答。答案是①約14・4萬日圓。根據日本厚生勞動省於二〇二〇年十二月公布的「二〇一九年度厚生年金保險暨國民年金事業概況」，厚生年金的平均給付額為14萬4268日圓。

若分開以性別來看，男性平均領到16萬4770日圓，女性平均領到10萬

3159日圓，可見連男性與女性的年金給付金額也存在著差距。

●試算一下吧

假如正在閱讀這本書的你還是個學生，或是距離退休還有好幾十年的年輕人，我想就算我講再多關於年金的事，你們的腦海裡大概還是一片模糊，覺得難以想像吧。所以，我們就以「當下的時間點」為前提，試算一下目前實際可以領到的年金吧。

根據國稅廳公布的「二〇一八年度民間薪資實態統計調查」，三十五～三十九歲男性的平均年收為528萬日圓，女性則為314萬日圓。由於現在**雙薪家庭**比**全職主婦家庭**（註29）更為常見，因此我們以下列的條件試算。

丈夫：正職員工，平均年收約5百萬日圓

妻子：正職員工，平均年收約3百萬日圓

※夫妻二人皆投保厚生年金與國民年金，預計六十歲退休。

（註29）**全職主婦家庭 雙薪家庭**

根據獨立行政法人「勞動政策研究及研修機構」的數據資料顯示，一九八〇年的全職主婦家庭約有1114萬戶，雙薪家庭為614萬戶，全職主婦家庭的數量近乎雙薪家庭的兩倍；到了二〇二〇年，全職主婦家庭約為571萬戶，雙薪家庭約為1240萬戶，兩者的數量在這四十年之間出現逆轉。

在前述的條件下，丈夫每個月可領到的年金約為15萬1千日圓，妻子則為11萬5千日圓，二人合計約為26萬6千日圓。

這裡所計算的年金金額，都是以「當下的時間點」與「前述的條件」為前提。我們可以上日本年金機構「年金網」查詢個人的年金狀況。

在這個網站上可以確認年金紀錄、試算未來可領取的金額。日本年金機構每年都會在我們生日當月郵寄「**年金定期便**（註30）」，而我們也能夠在這個網站上檢視這些年金定期便的ＰＤＦ檔。

我在前面也很明白地告訴各位，年金給付金額會隨著不同的條件而改變，所以領取年金的時間點也會影響到領取金額。日本的年金可以申請提前給付，也可以申請延後給付。

申請提前給付的話，每提前一個月，給付金額就會減少0・5%；申請延後給付的話，每延後一個月，給付金額則會增加0・7%。

例如：六十五歲起可以請領厚生年金、基礎年金的人若申請延後至七十歲開始

（註30）**年金定期便**

年滿五十歲的人與未滿五十歲的人收到的年金定期會分別記載不同的金額。具體來說，前者記載的是「按投保年資所計金額」，由目前已繳納的年金保費算出相應的年金金額；後者則是以繳納年金保費至六十五歲為前提，記載「六十五歲起可給付的年金額」，即為「年金預估金額」。

年金請領時間與給付金額

	可申請年限	最小申請單位	給付額的增減（按月）
提前請領	60～64歲	1個月	▲0.5%
延後請領	66～70歲	1個月	0.7%

請領的話，那麼就是延後五年（六十個月），因此年金金額就會增加42%（＝0・7%×60個月）。另外，申請提前五年開始請領的話，那麼年金就會減少%（＝0・5%×60個月），這時如果壽命超過七十六歲的話，給付總額就會少於原本在六十五歲請領的給付總額。像這樣有可能活到七十六歲以上的話，不申請提前給付年金會是比較划算的選擇。

不過，誰都不曉得自己到底會活到幾歲，所以應該何時請領年金的這個問題並沒有正確解答。我們都應該先考慮清楚退休以後的生活費、儲蓄等條件以後，再來決定要提前請領或是延後請領。

3 sho 05

多多活用投資吧！

我們能夠預測得多準呢？

既然不能倚靠退休金，也別想指望年金，那麼就只能靠自己想辦法創造老年生活的費用了。其中一個開源的方式就是投資，但正如我們之前在第1章所說的，日本人在投資這件事上其實是很畏懼謹慎的。因此從這個章節開始，我們就從創造未來儲蓄的觀點出發，深入學習日本人不敢放膽嘗試的「投資」吧。

我們先來談談關於投資的基本概念。

十幾年前，我向一位國外非常有名的投資家請教投資的祕訣，對方給我一句非常簡單的回答。

「**Buy low, Sell high.（買低賣高）**」

我當時還以為他在跟我打太極，只是在糊弄我罷了，但現在仔細想想，如果別人要我用一句話闡明投資的祕訣，我大概也會這麼回答吧。

賣出的價格高於買進的價格，就會產生獲利。這是理所當然的事，也是非常簡單的道理。不過，在投資世界裡，現在已經有幾十萬、幾百萬的投資人，而每個人都想用更低的價格投資，然後用更高的價格拋出，因此實際上買低賣高並不是那麼簡單的一件事。

此外，先找出其他投資人尚未發現的影響價格波動的要素，然後搶先一步買進（進行投資），也是投資的基本。而用來判斷的因素是企業的績效，還是新技術或新商品，則因企業而異。

有些人可能覺得不太好懂，那我就來舉個不一樣的例子吧。

我們以偶像或明星為例，假設對方沒沒無聞，即使舉辦演唱會也只有一、兩名的觀眾捧場，而你從這個時期開始便看好他將來肯定會大紅大紫。

由於來看演唱會的人只有小貓兩三隻，所以你當然有機會與對方拍照合影，或是近距離面對面交談。

假設過了幾年，他的唱片大賣，又過了幾年，他在電視台上也有了自己的冠名節目，東京巨蛋或武道館的演唱會門票都在開賣當天搶購一空，成為了一位炙手可熱的國民巨星。那麼這時又會是如何呢？

你在他出道當時一起合影的照片，或是曾經與他交談的經驗，是不是都成為了珍貴的寶物？而且，那些在他成名以後才成為粉絲的人肯定會超級羨慕你，也會敬仰你這名大粉絲。簡而言之，即使是投資的世界，我們也應該要抱持著這樣的想法去尋找投資的對象。

●注意股價以及財務報表

那麼，我們應該怎麼做，才能夠找出眾多投資人都沒注意到的魅力呢？其中有個方式就叫做基本面分析。

我以最簡單的方式解釋股價波動，假如有一間企業的業績年年成長，愈來愈多的投資人都想要買這家企業的股票，所以按理來說，股價自然也會跟著上漲。也就是說，**基本面分析就是在分析「這家企業明年的業績會不會成長」**。

具體來說，基本面分析會研究企業目前的**財務報表**（註31），也就是根據企業每一季（一季三個月）公布的結算資料，或結算說明會資料等等，進行詳細的分析及研究，同時還要與其他競爭企業進行比較。假設股價是投資人對於企業的評價之一，倘若明年的營收有機會繼續成長，那麼就應該就要在目前股價較低的時候投資，但如果這間公司的股價較高的話，你也可以選擇不投資。

這樣講或許有點難懂，那麼我們換個方式講一下吧。

假設你現在是個足球或棒球的球團老闆。有個高中剛畢業的球員，體格雖然還不夠好，卻擁有相當驚人的運動神經以及球技，只要好好訓練的話，練出好體格肯定不是問題，那麼你應該會讓這名球員進入球團吧？

另一方面，球團裡有一位資深的球員，目前正在跟球團談下一季的年薪。這名球員很受歡迎，卻容易受傷，而且你覺得現在給他的年薪已經夠高了，他卻希望再往

（註31）**財務報表**

關於企業財務的資料。主要指各項企業財務報告，統整企業結算前的一年內財政狀況、經營成果等等。其中，資產負債表、損益平衡表、現金流量表合稱財務三表，是掌握企業財產、收支情況、金流的重要資料。

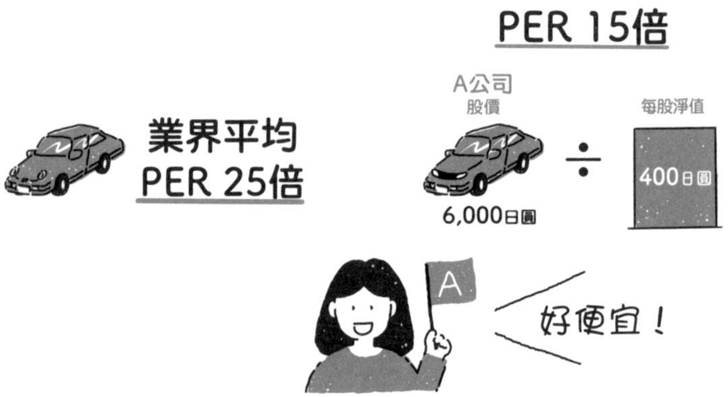

上談，那麼你會怎麼做呢？也許失去了這位球員會讓你稍微覺得遺憾，但我想你應該會讓出這位球員的交涉權，決定不跟他續約吧。

● 尋找買賣股票的時機時，我們要？

有幾個指標能讓我們比較容易判斷現在的股價是高還是低。其中最具代表性的指標就是PER（本益比）。

PER＝每股市價÷每股盈餘（或市值推計總額÷純益推計總額）。

舉例來說，假設製造汽車的A公司的PER為15倍，而汽車製造業的PER平均為25倍，那麼A公司的股價就有可能比較低。只是，通常沒有人只靠PER來判斷投資與否。PER最多只能讓我們分析該公司的業績或所屬產業，提供我們做為參考而已。

那麼，這裡有個問題要考考你們。其實股價指數也有PER。

問題

日經平均股價的PER（根據前期業績計算出的數值）在二〇二〇年底時大約是幾倍？

1 **約10倍**
2 **約15倍**
3 **約20倍**

給各位一點小提示，美國道瓊工業指數在二〇二〇年底的PER約為25倍。

那麼，各位知道答案是哪一個了嗎？正確解答是③約20倍。

除了PER，還有一個指數為PBR（股價淨值比），由以下的公式計算而出。

PBR＝每股市價÷每股淨值（或市值總額÷淨資產）

ＰＢＲ是一項比ＰＥＲ更方便使用的指標，理論上ＰＢＲ只要小於一倍，就代表股價相對便宜。

●養成因式分解的習慣吧

我們在分析某一間公司時，還有一個很有效的方式，那就是「**養成因式分解的習慣**」。

我想或許各位可以將這裡所說的因式分解，理解成「由各種因素研究一間公司的數字」。養成了這個習慣，我們在看報紙或新聞時，就會以不一樣的方式、觀點去捕捉文章內出現的數字。

例如：當我們看見了「Ａ公司今年度的營收為１００億日圓」這個數字時，如果沒有養成任何習慣的話，大概只會覺得「哇～是喔」就結束感想了。不過，如果養成了因式分解的習慣，就能夠看透１００億日圓這個數字背後隱藏的各種數據。

將營收因式分解以後，就會變成這樣：

營收＝員工人數×每位員工的銷售額

這麼一來，只要我們知道這間公司每年大概僱用多少員工，那麼當我們在推估明年的營收時，就不用隨意亂猜，能計算出更加精準的數字。

營收＝店鋪數量×每間店鋪的銷售額

也可以像這樣因式分解，調查明年的展店及閉店的計畫等等，就能夠正確地推算出營收了。

除法也與因式分解同樣重要。

比如說，營業利益是表示本業的獲利金額，假設A公司與B公司的營業利益皆為5億日圓。單純比較這個數字的話，各位大概會覺得兩間公司沒差別，但如果A公司的營收為500億日圓，而B公司的營收為50億日圓的話，會是如何呢？

營業利益除以營業收入得到的數字稱為**營業利益率**，因此前述的A公司的營業利益率為1％，而B公司則為10％。從這個例子來看，當然是B公司的利益率比較高，獲利的效率更好。

像這樣把企業的數據分解為多個因式，或是除以其他數據等等，我們就能夠更深入了解這間公司的狀況。

3 sho 06

什麼是風險與報酬？

不入虎穴，焉得虎子

一提到投資，總會有人說：「就是有風險，才會有報酬。」但確實也很多人開始讀了投資的書，卻表示：「什麼風險啊、報酬啊，我看了以後還是覺得很難，看不懂啊。」

風險與報酬是相當重要的概念，不光是投資，在許多方面也是如此，我們就來舉個簡單的例子，學習何謂風險與報酬吧。

那是我的孩子們都還沒上小學之前的事，當時我們全家開車要去一個比較遠的地方，車子開了好一會兒，一直坐在兒童安全座椅上的大女兒開始不耐煩，不想再繼續坐車了。

「還沒到嗎？開快一點嘛～」

於是，我便問她：

「開快一點沒問題，但是我們可能會出車禍，或是被警察叔叔抓喔，這樣好嗎？」

大女兒聽到我這麼說，想了一會兒以後開口說：「算了，還是這樣就好了。」

這應該是有小孩子的家庭經常出現的景象吧？光從這樣簡單的對話，就足以了解風險與報酬的概念。

俗話說：「不入虎穴，焉得虎子。」意思是不冒險犯難，就無法得到報酬。

若以方才的例子而言，車子開得愈快，當然就會愈快抵達目的地，但相對也會增加交通事故的風險。

或許有些人聽過「沒有風險，就沒有報酬」、「有高風險，才有高報酬」，這些話也都是一樣的意思。

●學習什麼是風險

我們在日常生活當中，也經常使用到「風險」這個字。例如：「這個風險太高了，勸你還是不要做比較好」等等。

那麼，各位知道所謂的風險是什麼意思嗎？

以這個例句來說，風險指的似乎是危險性，而且我想大部分的讀者對於這個解釋應該都沒意見吧。

只是，在投資的世界裡使用風險二字時，代表的意思並不是危險性。請各位看看下一頁的上圖。

在投資的世界裡，風險指的是報酬的振幅。

以左圖的例子而言，B的風險相對較高，但投資順利的話，B就能夠賺到比A更多的錢。換句話說，**並不是風險比較高的B就一定比較危險**。

那麼，這裡有個問題要考考你們。之前給出給你們的問題都是選擇題，這次我們就來挑戰一下簡答題，看看你們對於投資的風險有多少了解。

風險的比較

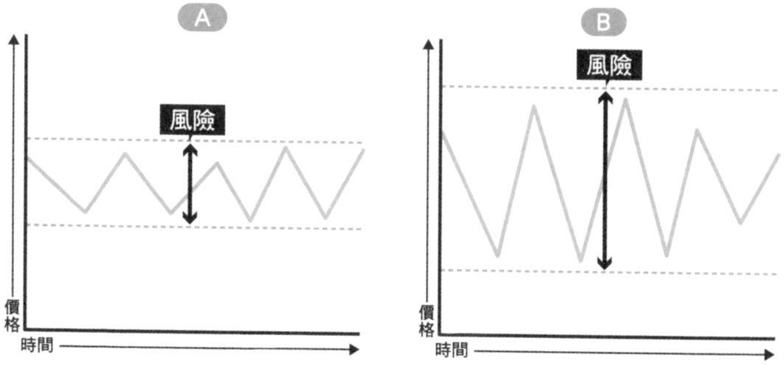

風險與報酬的關係

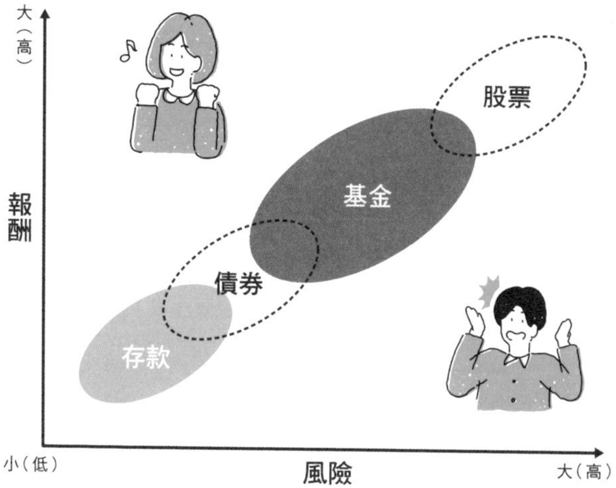

問題

我們在投資時可能會碰上哪些風險呢？

給你們一點提示，若將每項金融商品的風險與報酬的關係以圖表的方式呈現，通常會如前一頁的下圖所示。

一般都認為股票投資很危險，但也有人靠著股票投資成為大富翁，比起把錢存在銀行裡，真的是有高風險才有高報酬。

那麼，各位的答案是什麼呢？

你想到了哪些投資風險呢？

首先，投資時都會遇到**價格變動的風險**。前面舉的例子即是如此。投資可能因價格上升而獲利增加，也可能因價格下跌而形成虧損。

除此之外，海外投資則會碰上**匯率波動的風險**。即使投資對象的價格不變，但如果日圓相對外幣形成升值的話，換算成日元以後就會形成獲利；反之，如果遇到日圓貶值，則有可能發生虧損。

投資債券的時候，則可能遇到**信用風險**。當債券的發行企業出現財務惡化的情況時，就可能無力支付當初約定的利息或償還金。

而不動產則有較高的**流通性風險**。例如：投資人有意出售目前投資的不動產，變換成現金，但通常不太可能立刻就找到買家。而在這段期間內，不動產的價格說不定就會下跌。

除了上面提到的四種風險之外，投資本來就會伴隨著各式各樣的風險。希望你們都要記得，風險是一種不確定性，而不是危險性，我們要先具備這樣的認知以後，才能根據自己的投資目的，決定要承擔哪些風險。

損益的概念很重要

既然要投資的話，那我們也要先了解「損益」的概念。投資分為好幾種，像是在敝人的著作《最簡單的儲蓄與投資教科書》（暫譯）當中，就建議讀者以長期投資創造老年生活的資產。而除了長期投資以外，其實還有在短期內重複交易的當沖、**搶帽子**（註32）等方式。

短線交易的投資人主要使用的指標為「Risk/Reward Ratio」，中文稱為「風險報酬比」。計算公式如下：

風險報酬比＝獲利時的平均獲利÷虧損時的平均損失

我們用最簡單的方式來說明。交易只會有兩種結果，一種是賺錢，另一種是賠錢。假設我們進行十次的交易，結果為四次賺錢、六次賠錢。這四次獲利的平均金額為10萬日圓、六次虧損的平均金額為20萬日圓，那麼這十次交易的風險報酬比即是0．5。

要在短期內重複進行交易，勝率以及風險報酬比就顯得相當重要。**有很多人都只在意投資的勝率，但如果風險報酬比過低，就算勝率再高也一樣難以創造獲利**。即使勝率只有25％，但只要風險報酬比有3的話，那麼這項投資就算沒賺到錢，也不

（註32）**搶帽子**
在數秒至數分之間的極短期內進行買賣的一種交易方式。搶帽子適合用來投資FX（外匯保證金交易）等價格變動劇烈的商品，優點是每一次交易的獲利不多，但是損失也不多。不過，搶帽子交易必須隨時注意市場行情，因此並不適合投資新手嘗試。

會賠錢。

誰都不曉得將來會發生什麼事，所以我們也不可能知道哪些投資是穩賺不賠，有時或許會獲利賺錢，有時也可能虧損賠錢。

因此，我們要做的就是在賺錢時將獲利放到最大，賠錢時將虧損降到最低，提高投資的風險報酬比。這世上當然不存在提高風險報酬比的必勝法，但理論上還是有一些方式可以降低投資的風險，所以邊投資邊學習才會顯得如此重要。

勝率與風險報酬比（Risk/Reward Ratio）

勝率＼風險報酬比	0.3	0.5	1	1.5	2	3
25%	-68%	-63%	-50%	-38%	-25%	0%
33%	-57%	-50%	-33%	-17%	0%	33%
40%	-48%	-40%	-20%	0%	20%	60%
50%	-35%	-25%	0%	25%	50%	100%
67%	-13%	0%	33%	67%	100%	167%
77%	0%	16%	54%	93%	131%	208%

3 sho

07

要投資的話，哪方面的投資比較好？

●投資的種類與準備的方法

讓錢增加的方式有很多種，並不是只有投資一種方法。

我們可以透過考取專業證照、轉換跑道等等，提高工作的收入，也可以在正職之外從事另一份副業（參考P175）。這些都是靠學習提升自己的能力，或是以勞力換得更多的收入。另一方面，投資則是讓錢幫我們工作，用錢滾出更多的錢。

不過，投資也分成很多種方式。就像我們前面說的一樣，每個人選擇的投資頻率或投資期間就不一樣，有些人是一天之內就進行了好幾次的交易，有些人可能會保留數個星期，也有人投資以後選擇長期持有，可能是好幾年，也可能是好幾十年。

另外，投資標的也分為好幾種。如果有時間去研究各家企業的業績，或分析國內以及世界各國的經濟環境，而且同時還是很喜歡做這件事情的人，就很適合進行股票投資。但肯定也有人沒有這麼多時間去做這些事情，也覺得要了解這些知識的話就得乖乖念書，很麻煩。另外，或許還有人並沒有那麼多錢可以進行投資。這樣的話，其實就很適合投資比較輕鬆簡單的基金。

但如果還是不太敢接觸股票或基金，又覺得老是把錢存在銀行根本不是辦法，想讓錢變多的話，那麼還可以考慮投資由國家發行的債券「**公債**（註33）」。

另外，其實還有一種能夠以投資金額的數倍資金進行交易（資金槓桿）的金融商品，那就是FX（外匯保證金交易）或期貨交易。但若從資產運用的觀點出發，我完全不建議各位考慮這項投資，各位只要知道有這樣的金融商品的存在就夠了。

難以抉擇的股票投資

那麼，我們就來了解一下，一提到投資就最容易讓人聯想到的股票吧。公司分為好幾種，最常見到的就是股份有限公司。在股份有限公司當中，能在證券交易所進

（註33）**公債**
由國家發行的債券。債券是一種在籌措資金時發行的借據，購買公債就是把自己的錢借給國家一段時間，也就是投資國家。購買公債不僅能定期地領到利息，而且期滿以後也能拿回投資的錢，這樣的安心感只有國家發行的債券才有。個人當然也可以購買國家發行的債券。

行股票交易的公司即為上市公司。投資股票基本上就是買賣這些上市公司的股票。

那麼，這裡有個問題要考考你們。

問題

截至二〇二〇年底，日本大約有多少間公司在證券交易所（註34）上市？

1 約1850間
2 約3750間
3 約5850間

根據日本國稅廳於二〇二〇年公布的「二〇一八年度公司標本調查」，日本國內在二〇一八年時的法人數量約為272萬5千。看完這個數字以後再來看一次問題裡的答案選項，就能發現不管正確解答是哪一個，**日本國內的上市企業真的非常地稀少**。

那麼，各位知道答案是哪一個了嗎？在日本交易所集團的網站上可以看到每個月的上市企業數量，二〇二〇年底時大約是3750間上市公司，因此正確答案是

（註34）**證券交易所**

進行股票或債券交易的場所。日本的東京、大阪、名古屋、福岡、札幌皆設有證券交易所。主要的證券交易市場稱為本則市場，大企業要通過嚴格的審查標準以後才能在本則市場掛牌上市。證券交易市場中也有適合新創企業等新興企業的市場，審查標準也比本則市場寬鬆一些。

②。股票投資新手一開始會遇到的挫折，就是必須從這幾間企業之間挑選投資對象。或許大家都知道軟銀或豐田汽車，卻不曉得「Fastretailing」這間上市公司其實就是UNIQLO，而知道的企業公司又未必是好的投資對象，投資路上可謂困難重重。

有一本相當厚的書可以提供給投資人參考，那就是東洋經濟新報社每一季都會發行的四季報。這本書就像是日本上市股票的型錄，記載了所有上市企業的業績、預測或概況等等。

想知道日本到底有那些上市公司的人，或許可以買一本四季報來看看。有些散戶投資人就是四季報的狂粉，他們手上的四季報到最後都會變得破破爛爛的，不是貼滿了便利貼就是滿滿的螢光筆記號。

選擇簡單輕鬆的投資對象

即使找到了自己覺得「投資後肯定會賺錢」的公司，若把錢全部都投資在這間公司，還是會相當危險。萬一這間公司破產，或是因為業績變差而導致股價暴跌的話，我們投資的錢就會在一夕之間萎縮。

我在這本書裡也一再地告訴各位，誰都不曉得未來會發生什麼事。因此，投資股票時應該要分散投資不同家公司，只不過購買日本的股票基本上一次都要超過100股。我舉個極端一點的例子，我在寫這本書時候，任天堂的股價大約是6萬5千日圓，如果打算申購100股的話，就要有650萬日圓才行。雖說把雞蛋放在同一個籃子的風險太大了，若手上沒有其他幾百萬日圓的資金，就算想投資其他公司的股票也買不起。這樣看來，能夠透過投資股票來運用資產的人實在是有限。

所以，我要推薦一種比較輕鬆簡單的投資對象，是我在前面也稍微提過的金融商品之一——基金。基金是委託資產管理公司裡的投資專家「基金管理人」代為管理、投資我們的資金，我們再支付手續費給資產管理公司的一種金融商品。基金同樣也有好幾種，在網路證券商上約有2500檔以上的基金。

基金的優點在於可以進行小額投資，有些證券商還能讓投資人從100日圓開始投資。不僅如此，**即使投資人投資的金額不多，也能將資金分散在不同的基金**

上，而且投資標的也不限日本國內的基金，基金的種類不僅有股票，還包括債券、不動產、原油或黃金等各式各樣的商品（Commodity）。

舉例來說，日本的確定提撥制年金屬於自由加入，但美國或英國的確定提撥制年金則是強制加入。只是，在美國或英國還是有很多人不具備投資的知識，因此不曉得其實自己已經加入確定提撥制年金。而這些人就在不知不覺之中自動地投資了預設投資商品。

所謂的預設投資商品，指的是如果投資人沒有指明基金選擇，受託人就會自動地選擇投資標的。過去只有安全性比較高的基金才會被指定為預售投資商品，但由於預設投資商品已經是更適合中長期投資的金融商品，因此現在已經有好幾檔基金都可以選擇。

大致而言，**現在全世界都已經認同基金是一種適合用來創造資產的金融商品**。

3sho 08

分散、長期投資，降低投資風險

把風險降到最低

這本書一再地重複一件事，那就是我們不可能精準地預測未來會發生什麼事。而投資本來就會伴隨著風險，所以還是有可能碰上本金減少、投資虧損的情況。

雖然這是我們在投資時無可避免的前提條件，但如果想創造出老年生活基金，祕訣其實就是竭盡所能降低投資風險。

其中一個辦法就是我們在前面稍微提過的**分散投資**。如果我們集中投資同一間公司的股票，萬一到時候發現這間公司有**財報窗飾**（註35）問題，或是發生一些意料之外

（註35）**財報窗飾**

指公司的盈利狀況出現虧損，卻依然以不正當的會計手法將帳目改成盈餘，以維持公司信譽的行為。相反地，公司明明獲利，卻為了逃漏稅而造假財務虧損，這樣的行為則稱為逆向財報窗飾。

的事情，如：名氣響亮的社長抱病驟逝等等，我們投資的錢就會瞬間化為烏有。這就是我們要分散投資，不能把資金全部砸在同一間公司的原因。

而且，既然投資對象愈分散，降低風險的效果就愈好的話，那麼我也建議各位投資其他項目，不一定要把資金都用來投資股票。一般來說，股票與債券的價格波動是相反的，因此我們將投資對象分散在股票及債券上的話，應該就能看到相當不錯的效果。

此外，分散投資標的的國家或地區也很重要。比如說，說不定日本會發生大地震，美國會同時發生恐怖攻擊，歐洲則會發生暴動等等。實際上，這些都是在這二十年內曾經發生過的事情。總而言之，投資時最重要的就是記住一件事：分散投資就能降低風險。

除了分散投資標的之外，投資時的態度與心境也很重要，那就是**具備長遠的目光**。

一旦投資，我們就會一直在意現在的結果是賺錢還是賠錢，但有許多人每天都在進行交易，但最後的下場依然是賠錢。這是因為我們實際在進行交易時都要付手續費，而且投資獲利以後還是得繳交稅金，所以要是投資的風險報酬比（參照135頁）不夠高的話，最後還是會落到賠錢的下場。

正因為這樣，我才認為投資應該長期持有十年、二十年，不要頻繁地進行交易，也不應該過度地冒險投資。

●實際進行投資以後，覺得如何呢？

「我已經知道怎麼降低投資的風險了，但投資以後真的能夠創造資產嗎？」

肯定有人想問這個問題。

我們不曉得將來的事，所以沒辦法跟你保證一定會賺錢或是怎樣。但我們可以透過先前的成績，進行「如果這樣做，或許會變成這樣」的驗證。只是，我們在看過去的資料時不能單看某一年的數據，因為有些特殊的因素可能會對該年的數據造成頗大的影響。因此，我們就來看看二〇〇八年到二〇一九年這十二年間的結果吧。

這裡有個問題要考考你們。

問題

在二〇〇八年到二〇一九年這十二年間，投資日股（TOPIX）（註36）的平均年報酬率為多少？

1 2・5％
2 6・1％
3 15・7％

給各位一點提示，投資已開發國家股票的平均年報酬率為9・7％，投資已開發國家債券的年平均報酬率為2・7％。

那麼，你們知道答案是哪個了嗎？

下一頁的表格整理了七種資產的年報酬率變化，分別是股票（日股、已開發國家股票、新興市場股票）、債券（已開發國家債券、新興市場債券），以及被稱為REITs的不動產投資信託（日本、美國）。

（註36）TOPIX
以東京證券交易所第一市場部所有掛牌上市的股票為對象，計算並公開發表的股價指數。由於計算的對象為東證一部的所有上市股票，因此比日經平均股價指數（225支股票）更能反應出股市整體的股價波動。TOPIX以一九六八年一月四日為基準日，將當時的市價總額定為100點，從而計算出股價指數。

資產年報酬率的變化

	第1名	第2名	第3名	第4名	第5名	第6名	第7名
2008年	已開發國家公債 -10.0%	新興市場公債 -28.6%	日本股票 -40.6%	日本REITs -48.6%	美國REITs -49.5%	已開發國家股票 -51.6%	新興市場股票 -62.0%
2009年	新興市場股票 83.6%	已開發國家股票 34.2%	新興市場公債 33.2%	美國REITs 31.3%	日本股票 7.6%	日本REITs 6.2%	已開發國家公債 5.2%
2010年	日本REITs 34.1%	美國REITs 11.6%	新興市場股票 4.0%	日本股票 1.0%	已開發國家股票 -2.0%	新興市場公債 -2.1%	已開發國家公債 -8.2%
2011年	美國REITs 2.6%	新興市場公債 1.7%	已開發國家公債 0.8%	已開發國家股票 -10.0%	日本股票 -17.0%	日本REITs -22.2%	新興市場股票 -22.5%
2012年	日本REITs 41.0%	美國REITs 35.0%	新興市場股票 33.8%	新興市場公債 32.5%	已開發國家股票 31.5%	日本股票 20.9%	已開發國家公債 14.7%
2013年	已開發國家股票 54.6%	日本股票 54.4%	日本REITs 41.1%	美國REITs 24.9%	新興市場股票 18.6%	已開發國家公債 16.5%	新興市場公債 15.0%
2014年	美國REITs 45.5%	日本REITs 29.7%	新興市場公債 22.1%	已開發國家股票 19.9%	已開發國家公債 13.1%	新興市場股票 11.6%	日本股票 10.3%
2015年	日本股票 12.1%	美國REITs 3.2%	新興市場公債 1.5%	已開發國家股票 0.0%	已開發國家公債 -3.3%	日本REITs -4.8%	新興市場股票 -14.3%
2016年	日本REITs 9.9%	新興市場股票 8.6%	新興市場公債 7.2%	美國REITs 5.7%	已開發國家股票 5.2%	日本股票 0.3%	已開發國家公債 -1.2%
2017年	新興市場股票 32.7%	日本股票 22.2%	已開發國家股票 18.6%	新興市場公債 6.2%	美國REITs 4.7%	已開發國家公債 3.6%	日本REITs -6.8%
2018年	日本REITs 11.1%	已開發國家公債 -3.5%	美國REITs -6.6%	新興市場公債 -6.8%	已開發國家股票 -10.6%	日本股票 -16.0%	新興市場股票 -16.5%
2019年	美國REITs 27.4%	已開發國家股票 27.1%	日本REITs 25.6%	日本股票 18.1%	新興市場股票 17.7%	新興市場公債 13.9%	已開發國家公債 4.9%

（註）：日本股票參考TOPIX、已開發國家股票參考MSCI World Index、新興市場參考MSCI Markets Index、已開發國家公債參考FTSE World Government Bond Index、新興市場公債參考J.P.Morgan EMBI Global Index、日本REITs參考東證REITs指數、美國REITs參考S&P美國REITs指數（含配息）。

（出處）：Manene股份有限公司根據J.P.Morgan Asset Management資料「GuidetotheMarkets｜Japan｜1Q2020」製表。

各位可能有點難理解何謂年報酬率，只要把它想成是一年之間的漲跌率即可。全部的貨幣皆修正為日幣基準。

正確解答為②6.1%。再看看現在銀行的存款利率（0.001%），一年能有6.1%報酬率真的很吸引人吧。

不過，我希望各位在這裡感受到的不只是投資的魅力，我們用不同的顏色標記出每一種資產，所以其實可以看到每年的排行榜都毫無規則可言。

換句話說，誰都不曉得哪一種投資標的會漲還是跌，也不曉得哪個會漲得最多。因此透過分散投資，才能夠降低投資資產的價格波動。

機械式地長期、分散投資的方式

還有一個辦法可以降低投資的風險，那就是**機械式地持續投資**。投資必然與金錢有所牽連，所以我們很容易就會產生情緒波動。

沒有投資經驗的人只要想像一下打遊戲，應該就能懂我在說什麼。遊戲打贏的時候，我們就會乘勝追擊，愈戰愈勇，但是當我們在遊戲裡慘遭滑鐵盧，而且一敗再敗時，也會變得更熱血沸騰，結果最後更是遍體鱗傷。基本上投資也是這麼一回事。

因此，機械式地不帶情感進行投資，就是我們接下來要介紹的投資方式。下一頁的表格呈現了三種投資方式。

這三種投資方式都跟上上下下波動的股價沒有關聯，一種是每個月都以同樣的「金額」投資的「定額投資法」，一種是每個月都購買一樣「股數」的「定量投資法」，最後一種則是一次購買的「一般投資」。

以這個例子而言，我想各位應該都能看出**定額投資法的投資效益最好**。這樣的定額投資法我們也稱為「成本平均法」，是不帶情感投資時最常使用的手法。

透過網路券商投資時，只要設定「定期定額投資」，券商每個月都會按照我們指定的購買日期、金額，替我們買進指定的基金，所以我們可以心平氣和地進行投資，不必去在意股價的波動，推薦給各位參考。

股價的變化以及購買方式的比較

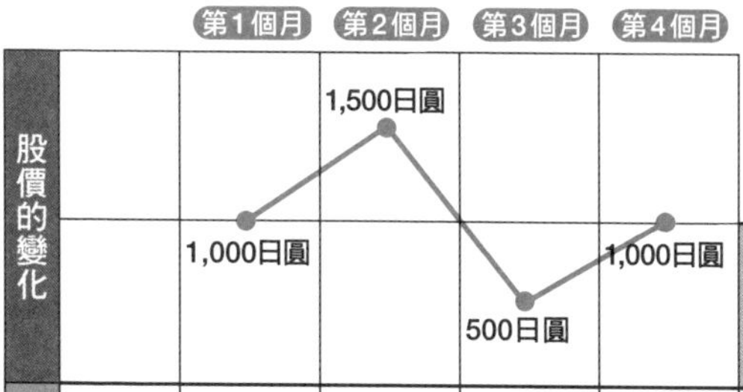

		第1個月	第2個月	第3個月	第4個月	總計	平均購入單價
定額投資法	購買股數	10股	6.7股	20股	10股	**46.7股**	**每股**
	購買金額	10,000日圓	10,000日圓	10,000日圓	10,000日圓	**40,000日圓**	**856.5日圓**
定量投資法	購買股數	10股	10股	10股	10股	**40股**	**每股**
	購買金額	10,000日圓	15,000日圓	5,000日圓	10,000日圓	**40,000日圓**	**1,000日圓**
一般投資法	購買股數	40股	—	—	—	**40股**	**每股**
	購買金額	40,000日圓	—	—	—	**40,000日圓**	**1,000日圓**

（出處）：作者製表。

COLUMN

究竟是何時開始進入了存款生不出利息的時代呢？

何時開始進入低利率時代？

我們在前面已經提過，現在就算把錢存在銀行裡，基本上也領不到利息。不過，我們也聽別人提起三十年前左右曾經是個高利率的時代，只不過是把錢存入定期存款，過了十年以後存款竟然可以翻倍。而現在這話聽起來就像都市傳說一樣。

接下來，我們就實際來看看日本銀行公布的定存利率長期走勢。我們只能取得一九九三年十月以後的數據，所以沒辦法看到更久之前那種能讓存款在十年後翻倍的超高利率，但我們可以確定銀行定存利率曾經超過２％。

存款利率在一九九五年時暴跌，到了二〇〇〇年已經跌落到趨近於零。後來在二〇〇七年前後雖然爬升回０・５％附近，但二〇〇九年以後又再次趨近於零。

定期存款利率走勢圖

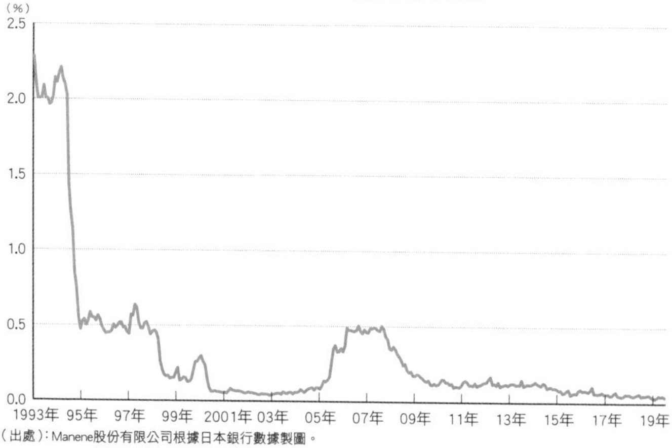

（出處）：Manene股份有限公司根據日本銀行數據製圖。

日本銀行的貨幣政策深深影響著存款利率，我們就來看看日本銀行曾經推行過哪些貨幣政策吧。

面對由金融危機等因素造成的低迷景氣，日本的中央銀行——日本銀行認為，只依靠目前實行的財政措施已不足以因應這樣的狀況，於是決定在一九九九年二月引進「**零利率政策**」，讓短期利率趨近於零。正如各位所見，若以上圖而言，其實利率並沒有真正地達到零，但也看得出來已經趨近於零。日本銀行在隔年解除了零利率政策，但由於景氣再度惡化，因此日本銀行於二〇〇一年三月採行量化寬鬆貨幣政策，再度回到零利率狀態。此次的零利率政策持續至五年後的二〇〇六年，但解除零利率政策以後，卻又碰上了雷曼兄弟事件，因此日本銀行再一次實施力道更大的量化寬鬆貨幣政策。

屋漏偏逢連夜雨，後來日本發生了三一一大地震，以及兩次宣布提升消費稅（二〇一四年四月：5％→8％，2019年10月：8％→10％），近來又遇上了新冠肺炎疫情爆發等等，日本銀行至今依舊沒辦法停止量化寬鬆貨幣政策，結果便是存款利率長期維持在接近零利率的狀態。

日本能夠打破現狀嗎？

日本一味地實施量化寬鬆貨幣政策，每次都說是「異次元的寬鬆貨幣政策」、「歷史性的寬鬆貨幣政策」等等，但經濟情況依然不見改善。

那麼，為何日本銀行要**一味地**實行量化寬鬆貨幣政策呢？**這是因為日本銀行推行政策的目標就是穩定物價**。

消費者物價指數走勢圖

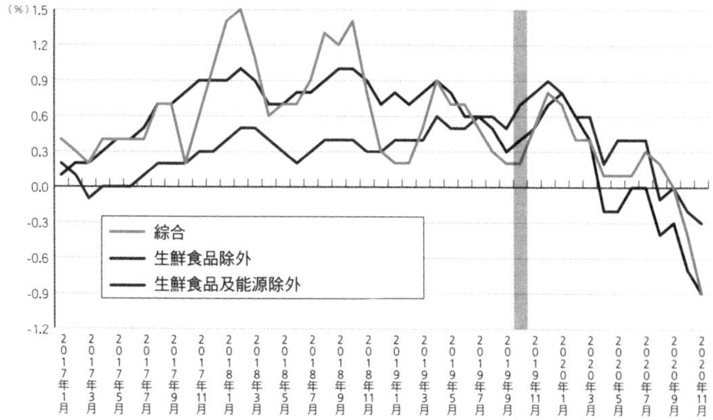

（註）：灰色網格部分為消費稅調升的時間點。
（出處）：Manene股份有限公司根據日本總務省「消費者物價指數」的數據製圖。

日本銀行法明訂，日本銀行的貨幣政策理念為「透過穩定物價，為國民經濟的健全發展做出貢獻」。

日本銀行於二〇一三年一月宣布以每年2%的物價通膨率為「穩定物價的目標」，並期望盡速達成這項目標。只是這項目標至今仍然難以達成。

上面的圖表是這幾年的物價變化，可以看到物價與去年同期相比反而降低，距離達成目標還有很長的路要走。

經濟景氣變差時，日本央行就會調降利率，讓企業或個人提高向銀行借錢進行投資或消費的意願，如此一來就會讓經濟景氣慢慢地好轉；相反地，當景氣過熱時，日本央行則會調升利率。一直以來，日本央行都是按照這樣的思維邏輯在推行貨幣政策，但事實上就算利率再怎麼調降，企業或個人依然提不起意願去向銀行借錢進行投資或消費。

我們先前談到存款的機制時也曾說過，我們一直都以為銀行要先從外部取得資金，形成存款以後，才會運用這些存款放貸給企業或個人，但實際上銀行只要在數據上留下放貸紀錄，貸款人的帳戶就會出現存款了。

在金融的世界裡，其實還存在著很多像這樣完全顛覆常識的事情。這就像有的人支持地球中心說，有的人則支持日心說。

4章

請告訴我未來的金融趨勢

4sho 01

電子貨幣是怎麼一回事呢？

●更詳細了解一下電子貨幣吧

日本自二〇一九年十月起，正式實施消費稅增稅，並且同時實行無現金支付的現金回饋。

當時，各家無現金支付的業者也都祭出了超優惠的現金回饋活動，最近在超市或便利商店排隊結帳時，也時常看見民眾使用無現金支付的方式結帳。

無現金支付其實還細分為許多類型，存在已久的信用卡就屬於無現金支付的一種，這裡我們就來認識一下電子貨幣吧。

電子貨幣的特徵是將現金數位化，一切的支付皆在線上進行。電子貨幣分為又分為數種，有些是先在APP或卡片儲值後再使用的「**預付型支付**」，也有完成交易之後才支付費用的「**後付型支付**」等等。

信用卡屬於後付型支付，但通常信用卡公司在核卡之前都會進行**信用審核**（註37），而電子貨幣的特徵之一則是只要申請會員或通過身分認證即可使用。

●電子貨幣的種類有如此多

電子貨幣有各種不同的類型。

第一種是以Suica或PASMO等交通IC卡為代表（編註：類似台灣的悠遊卡、一卡通），稱為交通型電子貨幣。這一種電子貨幣的出現原本是用來節省購買車票的時間，最近也能在便利商店或自動販賣機使用。

第二種電子貨幣稱為流通型，能在超市或便利商店使用，以nanaco、樂天Edy最具代表性（編註：類似台灣的icash）。特徵是可以累積點數。

第三種是**信用卡型**。這種電子貨幣綁定（連動）信用卡，因此並不需要事前儲值。信用卡公司會連同信用卡的卡費一併請款。

（註37）**信用審核**
放貸時審查申請人是否具備還款能力。信用卡公司在審核信用卡額度時，也會要求申請人提供個人年收入，從中扣除房租等生活維持費，以及其他張信用卡的每年估計支付金額以後，計算出該申請人有可能支付的金額。

最後一種是**QR code型**，以Paypay、au PAY為代表。這種支付方式只要將自己手機螢幕上的QR code出示給店員掃描，或是用手機掃描店家櫃檯前的QR code，即可完成支付。

這些QR code型的電子貨幣大多還具有個人之間轉帳的功能（用戶之間可以互相轉帳），也有許多人使用這樣的支付方式分攤（同時由多人支付，而不是一人代表結帳）飲酒會等等的費用。

●愈來愈多樣的支付手段？

我們來看一下電子貨幣的機制以及種類，各位應該都覺得很簡單吧。正在讀這本書的你如果是十幾歲、二十幾歲的人，大概已經相當熟悉電子貨幣的使用，也不會覺得用得不順手，但如果是三十歲以上的話，或許有人還不是那麼習慣使用無現金支付，特別是掃描QR code的電子貨幣。

說起來，其實我自己在使用無現金支付時也還是以信用卡為主，偶爾才會使用交通型電子貨幣，還是很不熟悉怎麼使用QR code型。

那麼，這裡有個問題要考考你們。

問題

在二〇一九年日本家庭收支的最終消費支出（購買商品或消費服務等等的支付）當中，使用電子支付的消費占了多少比例呢？

1 1．9%
2 12．9%
3 24．0%

給你們一點小提示，在無現金支付當中，QR code掃描型的資歷最淺，但是以QR code支付的消費金額（除了信用卡支付以及綁定信用卡支付）在二〇一八年到二〇一九年間大約成長了六倍。

那麼，答案是哪一個呢？

正確答案是①1．9%，各位或許很意外怎麼會是這個答案。若將無現金支付分

無現金支付比例的細項變化

年分	2014	2015	2016	2017	2018	2019
信用卡	15.40%	16.50%	18.00%	19.20%	**21.90%** (+2.7%)	**24.00%** (+2.1%)
簽帳卡	0.15%	0.14%	0.30%	0.37%	**0.44%** (+0.07%)	**0.56%** (+0.12%)
電子貨幣	1.30%	1.50%	1.70%	1.70%	**1.80%** (+0.1%)	**1.90%** (+0.1%)
QR code	—	—	—	—	**0.05%**	**0.31%** (+0.26%)
總計	16.90%	18.20%	20.00%	21.30%	**24.10%** (+2.8%)	**26.80%** (+2.7%)

（出所）日本經濟產業省「促進無現金支付中小店鋪普及之環境整備檢討會第二回資料」。

成信用卡支付、簽帳卡支付、電子支付以及QR code掃碼支付這四種類型，使用率最高的是信用卡支付，其次則是電子支付（參照上圖）。

我目前也在無現金支付的企業擔任COO（營運長），現行的無現金支付尚有許多不方便或需要改善的地方，公司也為了改善這些問題而持續進行開發。日後還會推出更加便利的功能，想必電子支付或QR code掃碼支付的使用率也會愈來愈高吧。

●現金更有利於金融教育？

日本經濟產業省於二〇一八年四月十一日公布「無現金願景」報告，並在報告當中**提出「支付改革宣言」**，目標要在**大阪・關西萬博**（註38）登場的二〇二五年前實現**40%的無現金交易，以及目標在更遠的將來達成80%的世界最高水準**。

如同我在上一段所說，我認為未來的無現金支付比例將會一年比一年多。無現金支付不僅方便，更有國家的力量在背後推動，因此這個趨勢是不會改變的。

這時候就會有人問我：「我們在教導孩子金融教育時，現金是不是比無現金支付更好？」

當時在被問到這個問題時，我的三個孩子都還是學齡前兒童（六歲、四歲、兩歲），因此我那時回答現金會更好。

我們家在發零用錢時都是使用現金，而三個孩子都會在我面前把剛拿到的零用錢存進撲滿裡。

（註38）**大阪・關西萬博**
正式名稱為二〇二五年日本國際博覽會。大阪・關西萬博以「生命閃耀未來社會的設計」為主題，預計於二〇二五年四月十三～十月十三日在大阪市夢之島地區登場。預估入場人數約為2千8百萬人，並可帶來2兆日圓的經濟效益，期望能讓關西經濟一飛衝天。

在他們還沒學會多位數的加減法之前，可以靠著把錢存進或取出撲滿時，小豬撲滿在物理上的重量變化，來感受自己零用錢的增加或減少，所以我覺得給他們現金會比較好。

但等到他們差不多升上小學高年級，已經會操縱智慧型手機的年紀時，我覺得改成電子貨幣的方式也沒問題。

無現金支付會以數據的方式留下已支付金額等等的歷史紀錄，因此也能幫助我們自動記帳，讓我們學會數據化並了解自己的金流狀況，我認為透過這樣的方式，可以提升我們的金融素養（關於金錢的知識）。

4sho 02

紙鈔會消失不見？

這是電子書問世時的老問題了

日本現在也慢慢地走向無現金支付，而我在這過程中經常被問到一個問題。那就是「紙幣會不會消失」。

每當有人問我這個問題，我都會回答：「我認為在未來的數十年之間都還不會消失。」許多人都喜歡用極端的看法論定一件事物，所以想必也有一些人在看到無現金支付普及以後，就覺得接下來的劇情發展便是紙鈔從這世上消失。每次看到這樣的人，都會讓人覺得好像又見到電子書問世時的情況。

當時，電視、報紙、雜誌的廣告費慢慢減少，網路廣告費漸漸增加，許多人都在高呼電腦平板閱讀的時代已經來臨了。那時也有許多人都認為紙本媒體將會消失，一切終將電子化。不過，從那時到現在已經過了十幾年，而我們還是生活在大量紙本媒體的世界裡。這裡有個問題要考考你們。

問題

關於日本在二〇一九年在電視上以及網路上投放廣告的費用，請問以下哪個選項才是正確的？

1. 電視……約1・8兆日圓、網路……約2・1兆日圓
2. 電視……約2・5兆日圓、網路……約4・3兆日圓
3. 電視……約3・5兆日圓、網路……約1・2兆日圓

我在跟同年齡層的人聊天時，經常聽到有人說：「我最近都不看電視了。」跟大學生聊天時，他們也說現在都是使用YouTube、TikTok、IG等社群軟體，基本上已經不太看電視了。不過，很多時候我還是可以感受到電視依然有強大

廣告費的變化

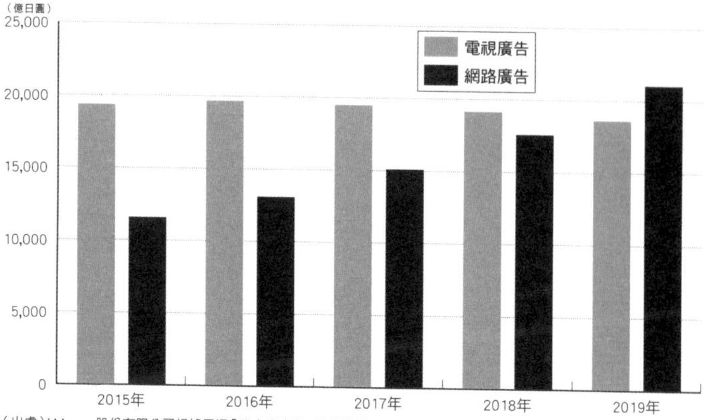

（出處）：Manene股份有限公司根據電通「日本廣告費」的數據製表。
（註）：2019年網路廣告費包含自2019年起追加推定的「物販系電商數位平台廣告費」的1064億日圓。

的影響力。

例如：我上了YouTube的節目也不會有人特地跟我聯絡，但當我出現在電視節目上1分鐘左右的VTR而已，馬上就有許多人跟我講這件事，真的讓我嚇一跳。

言歸正傳，各位知道答案了嗎？

從上面的圖表應該就看得出來，正確解答是①。網路廣告費比電視廣告費多，但兩者之間只有些許差距。網路廣告費首度在二〇一九年超過2兆日圓，更超越了電視廣告費，可謂是歷史性的一年。雖說網路廣告費超過了電視廣告費，但兩者的差距並不大，可見舊事物在新事物出現以後就會從世上消失的極端觀點是錯誤的，新與舊依舊會有一段共存的時間。

●緊接著又被追問另一個問題……

言歸正傳，就算無現金支付愈來愈普及，目前紙幣還是會繼續存在。每次只要我這麼回答，對方馬上就會接著問我：「為什麼日本的無現金支付的比例低於其他國家呢？」

我在某個訪談中回答：「因為日本的錢比較乾淨啊，不是嗎？」我那時當然還有提到其他原因，但因為這個回答實在太引人注目了，所以也有人在SNS上面批評我：「這個人不是分析師嗎？怎麼會講出這種答案！」不過，我覺得其實這個回答還滿中肯的。

當我外派到印尼的公司工作時，使用的是印尼當地的貨幣——印尼盾；當我在越南工作的時候，使用的則是越南當地的貨幣——越南盾。這兩個貨幣的共通點是紙幣的面額都很大，小面額的紙幣又多又雜。不僅如此，搭計程車或到小路邊的攤販買東西時，有時老闆或司機不是拿不出零錢可以找錢，就是根本就不打算給。若要說這些紙鈔的狀況有多糟糕，那充滿皺痕的程度換成在日本的話，大概已經無法使用了。而且，不僅皺得誇張，也真的有著大大小小的汙痕。當時的我便認為就是因為大家都不想拿著這些現金，所以能夠使用電子支付的話，當然就會以電子支付為優先選擇。除此之外，在見識過其他國家紙鈔的髒汙以後，我也了解到日本人是多麼珍惜地使用紙鈔了。

那篇訪談大約是一年前的事情了，隨著新冠肺炎的疫情擴大，也看到新聞報導愈來愈多人傾向使用無現金支付。這時我心裡都會想：「看吧！我真的沒說錯吧。」

不想接觸紙鈔果然是推動無現金支付的誘因之一。

麻煩您
用電子支付
結帳
10%
折扣
咦？
我拿的是真鈔欸，
不行嗎？
PUSH

4sho 03 為什麼我們會被詐騙呢？

●詐騙上當的人比想像得還要更多

我經常聽到「被詐騙的人自己有問題」的自我責任論。我們的確無法否定被詐騙的人有問題，但請各位也別忘了詐騙事件最根本的前提，是那些詐騙犯在為非作歹。

在訪問曾經遇上詐騙事件的人以後，有一件事讓我非常有興趣，那就是**所有被詐騙的人都覺得「自己具備一定的知識，所以應該不會被騙」**。如果真的是一無所知的人，恐怕根本就不曉得對方說的話是不是真的，怎麼想都覺得不太對勁，所以最後通常都會拒絕對方。相反地，如果是具備一點知識的人，剛開始可能會感到有些存疑，但那些身經百戰的詐騙份子通常都會用無懈可擊的預設問答侃侃而談，所以這些人反而會不小心就相信了詐騙份子講的話，掉入詐騙陷阱裡。

那麼，日本的詐騙事件有多麼氾濫呢？

這裡出個問題來考考你們吧。

問題

二〇一九年特殊詐欺的被害總金額大約是多少？

1 **約15億日圓**
2 **約50億日圓**
3 **約300億日圓**

給各位一點小提示，根據日本警察廳的認定，特殊詐欺指的是犯人以家人或公共機關職員的名義，透過電話或明信片（信件）取信被害者，騙取被害人的現金或信用卡，或是假借退還醫療費等名義，指示被害人透過ATM將錢匯至犯人銀

特殊詐欺的被害總金額的變化

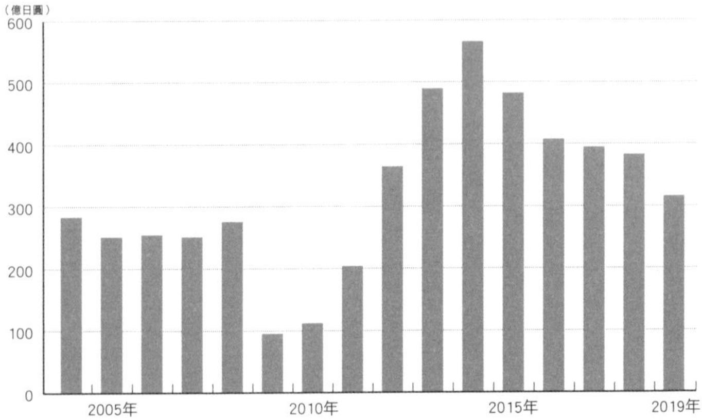

（出處）：Manene股份有限公司根據警察廳「關於特殊詐欺之認知／檢舉狀況等」的數據製表。

行帳戶的犯罪行為〈包含恐嚇威脅被害人交出現金財物，或趁隙掉包並盜取被害人的信用卡等財物的詐欺盜竊〈竊盜罪〉〉。

日本警察廳自二〇二〇年起，將特殊詐欺的手法分為「是我是我詐欺」、**「退費詐欺**（註39）**」**等10種。

各位知道答案是哪一個了嗎？

上面的圖表是根據日本警察廳公布的「關於特殊詐欺之認知／檢舉狀況等」的數據製作而成。而這題的正確答案是③約300億日圓。

（註39）**退款詐騙** 這種詐騙手法通常都會假冒公家機關的人，打電話告訴被害人：「你的保險費溢繳了，我們要把保險費退給你」等等，誘導被害人前往ATM照著電話當中的指示，讓被害人在不知情的狀況下將自己的錢匯到詐騙集團提供的帳戶裡。大阪府警的官方網站上就開門見山地告訴民眾：「『透過ATM退還保險費或醫療費』通通都是詐騙。」

二〇一四年以後的詐欺總金額雖有減少的趨勢，但每年遭到詐騙的金額依然高達300億日圓以上，各位不覺得很驚人嗎？幾乎所有的詐騙案件都是以個人為對象，所以每一件案子的詐騙金額其實不算鉅額，但這些詐騙案件累積起來的總金額竟然高達300億日圓以上，由此可見有多少被害人受騙上當。

絕對沒有「絕對」

至今為止，我也耳聞、見識過許多詐騙事件。

我曾經在咖啡廳裡聽見詐騙高手滔滔不絕地高談闊論，也曾經收到關於投資詐騙的電話或郵件。

此外，之前有電視台想製作適合學生觀看的節目，內容是關於金融詐騙。我接受了他們的採訪，攝影團隊的人也將他們祕密採訪的詐騙集團的VTR放給我看。

每一次見到這些詐騙事件，都會讓我驚訝怎麼會有這麼多詐騙手法。

最容易看到的詐騙手法，就是保證可以靠股票或FX賺錢的投資消息或講座，其中甚至還有獨角仙養殖詐欺案件。

不管是哪一種詐騙手法，通通都有一個共通點，那就是告訴被害人「保證賺錢」。如果詐騙集團的人說：「有可能賠錢」肯定會讓對方覺得不放心，所以他們才會像這樣斬釘截鐵地掛保證吧。

但我還是要說一句有點矛盾的話，那就是「絕對」沒有「絕對的事」。**要是「絕對」可以賺到錢的話，那麼詐騙集團根本沒必要冒著被逮捕的風險去騙人**。

要是按照他們所說的就真的能賺到錢的話，那麼他們早就都能變成大富翁了。

「絕對」沒有「絕對的事」。

若是有人跟你報投資明牌，而你覺得「有點可疑喔」或「這話聽起來似乎太完美了」的話，就請你記得我說的這件事。

4sho 04

副收入是怎樣的收入？

●靠副業（兼職）或投資來賺錢

許多人出了社會以後，都會到公司上班工作，然後領取作為工作報酬的薪水。然而，現在已經有愈來愈多公司同意員工兼差，所以也有愈來愈多的人可能同時會領好幾間公司的薪水，不只領一間公司的薪水。除此之外，也有人投資股票或房地產，透過投資賺取股利或房租。

像這樣除了領取正職的薪水之外，同時透過副業或投資賺取的其他收入，就稱為副收入。我就來介紹一、兩個朋友的案例，好讓讀者更容易想像何謂副收入。朋友

A原本是個從事網頁設計方面的設計師。網頁設計師同時也能夠開發手機應用程式或網站的話，薪水就會比單純地從事網頁設計更高，所以他便在網頁設計工作之餘，自學關於應用程式或網頁開發的相關知識，幾年後便到另一間網頁開發公司擔任工程師。他漸漸習慣了新的工作，工作時間也安排得很好，後來他接到愈來愈多個別委託的簡單設計工作，因此這次他在徵得公司的同意之下，以自雇者的身分將設計的工作當成了他的副業。

朋友B是一位在上市企業裡工作的上班族，他曾在外商的金融機構任職，當時拿到了不少工作獎金，於是他便將這些獎金全部投資房地產。現在他除了領公司的薪水之外，投資房地產而上漲的房租收入也會每個月都直接匯進他的銀行帳戶。而且他還把他投資房地產的心得做成了付費電子報販售，又是一筆收入。

●日本有多少人兼職副業？

日本實際上大約有多少人兼職副業呢？

根據日本最大的自由職業者平台營運商「Lancers」公布的「自由業調查

２０２０年版」，日本的自由業人口大約是１０３４萬人。

而自由業者又細分為四種，Lancers也一併公布這四種自由業者的人數。

有固定雇主，且以自由業為副業的「**副業型兼差工作者**」，約４０９萬人。

無關雇用型態，與兩間以上的公司簽訂工作契約的「**複業型兼顧工作者**」，約２８１萬人。

無特定的上班地點，但為獨立自主的專業工作者的「**自由業型自由工作者**」，約56萬人。

為自雇者／法人經營者，且個人單獨營運的「**自營型獨立店主**」，約２８９萬人。

我們接下來要說的副業指的是①的「副業型工作者」，應該有不少人都想著：「好希望賺到的錢比現在的薪水再多一點喔……。要是公司同意的話，我也想試試看……。」

那麼，這裡有個問題要考考你們。

問題

副業型工作者透過副業獲得的平均年收是多少？

1 38萬日圓
2 63萬日圓
3 116萬日圓

若按照性別區分，副業型工作者的男性比例為60％，女性為40％，因性別之差造成的比例差距並不懸殊。但如果**按照年齡層來區分的話，二十歲～四十歲的年輕人占了將近一半的比例，可見年輕人更接受兼職副業**。

那麼，各位知道答案是哪一個嗎？正確解答是②63萬日圓。看見這個數字以後，是不是有很多人都覺得「沒想到可以賺這麼多」呢？

這話說的還真的沒錯呢。根據日本國稅廳公布的「二〇一九年民間薪資實態統計調查」，薪資所得者每人的平均薪資為436萬日圓，因此副業所得平均為63萬日圓的話，等於增加了大約2個月的收入。

4種類型的自由工作者

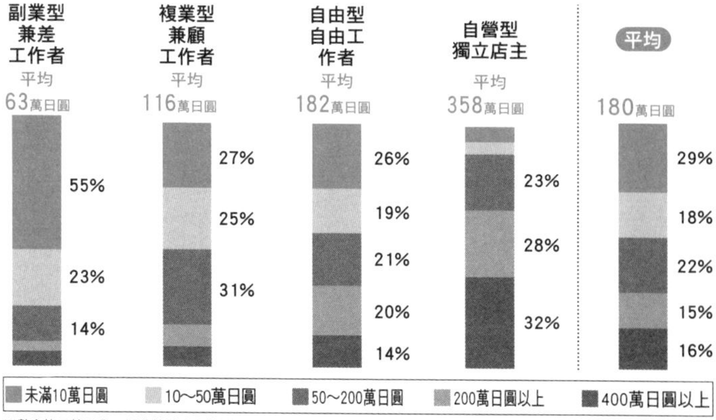

※數字皆四捨五入，因此總計未必等於100。自由業年收值指的是以自由工作者身分賺得的收入。
（出處）：Lancers「自由業調查2020年版」。

別輕易下決定

有些人看了這個數字以後，說不定也打算開創副業。不過，不管任何事情，最好都別這麼輕易地就下決定。這是因為我們在解讀某項數據時通常都會使用平均值，雖然相當方便，有時卻有可能嚴重地誤解真正的情況。各位請參考上面的圖表，「副業型工作者」的平均年收入的確是63萬日圓，但實際上有**55%的人收入不到10萬日圓**。由於少部分的副業型工作者的收入較高，才會拉高了副業收入的平均值，從這張圖表解讀出的事實，應該是**一半以上從事副業的人**

連10萬日圓都賺不到。

各位也許會覺得即使只能多賺10萬日圓也還算不賴，但像我周遭就有一些人已經後悔為什麼自己要這麼輕易地就做副業。

既然員工領了工錢，那對於花錢請人工作的雇主而言，才不管這是員工的正職還是副業，肯定會要求員工交出讓他們滿意的工作成果。沒有雇主會因為員工是兼職，就讓他們隨隨便便地交差了事吧。

這麼一來，從事副業的人不僅要認真努力地做好自己的正職工作，同時還必須把資源（時間與精力）分給副業。有些人可能是因為正職工作很清閒才決定從事副業，結果有時接了副業的工作之後，正職的工作也變得忙碌不已。

最後，就有可能害正職的工作品質變差，把自己搞得失去加薪機會。在正職之外多一份副業是一件很棒的事，但**一定要記住，先有正業才有副業，想清楚自己希望將來如何獲得收入，然後努力地投入每一天的工作，這才是最重要的**。

COLUMN

非勞動收入是靠頭腦來一決勝負？

並不是什麼都不做就能賺到錢

當了許久的上班族以後，自然會覺得「非勞動收入」這幾個字很吸引人。正如字面上的意思，非勞動收入指的就是非伴隨勞動的收入、不工作就有錢入帳。

每天早上都得搭著擠滿人的電車去上班，在職場上得顧慮上司的臉色，同時還得努力完成自己該做的工作量，而晚上下班以後又要喝酒交際應酬，一直到半夜才步履踉蹌地回到家裡。如果是過著這種上班族生活的人，對於不用工作就財源滾滾來的非勞動所得，肯定會羨慕得不得了吧。

不過，其實必須付出一些努力才能創造出非勞動所得，並不是什麼事情都不用做。

我們就先從「何謂非勞動所得」開始講起吧。一般來說，非勞動所得指的是透過投資股票而獲得的股利或股息、投資房地產而獲得的租賃收入等等。各位可能都覺得只要投資一回，就可以坐著等錢入袋，但想要投資，不僅必須先賺到用來投資的本金（本錢），也要具備投資的知識才行。什麼都不懂就跟著投資的話，反而有可能賠上本錢。

另外，擁有房產或土地的人則是可以透過其他方式創造非勞動所得。例如：閒置的土地可以出租當作停車場或活動場地，也可以用來設置自動販賣機。若是擁有房產的話，也可以在屋頂裝設太陽能板，然後轉賣由太陽能板生產的能源。

不論是想靠投資股票還是房地產創造非勞動所得，都必須具備一定程度的大量資金或土地等資產。總而言之，不管是誰都一樣，什麼都沒準備的話，就算再怎麼羨慕也不可能馬上就創造出非勞動所得。

沒有本金也能賺錢的方式

不過，現在網際網路愈來愈普及，我們可以用便宜或免費的價格使用各式各樣的服務，**需要具備資產才能夠創造非勞動所得的時代已經過去了**。在我的生活周遭，就有許多人都有非勞動所得的收入。例如：透過聯盟行銷創造收入，而聯盟行銷的方式如以下所述。我可以製作一個跟投資有關的網站，然後在網站上投稿投資相關的文章等等。

我在網站上投稿的文章，主要是寫給投資門外漢了解的專業用語、如何開始投資等等的文章，這麼一來，一些想要開始投資，而在搜尋引擎上輸入關鍵字「投資如何開始」的人就會找到我的網站。而我在網站上還放了幾個證券公司的開戶連結。只要進入這個網站的人點擊這些連結，並在A證券公司開戶的話，日後A證券公司合作的聯盟行銷公司就會支付報酬給網站經營者。

除此之外，若個人具備某項專業知識的話，還可以利用這項專業知識撰寫文章，然後把它放在網路上販售。

如果是以前的話，一般都是由出版社出書，然後拿到書本售價一定比例的版稅，但最近反而有愈來愈多人拒絕跟出版社合作出書，改成自己在網路上銷售。

在我認識的人當中，真的就有人以自身的專業知識為基礎，在社群平台上分享這些知識，而且這個社群帳號還有許多粉絲在追蹤。許多出版社都來向他洽詢出書的意願，但他一律拒絕出版社的合作邀請，自己撰寫文章放在網路上銷售。

當我說：「既然出版社都來找你了，不是應該出書才對嗎？出書也會變得更有名啊。」他則回答我：「出書的話，我得到的錢是書本售價10％的版稅，但如果我自己在網路上販售的話，賺到的錢就全部都是我的。」換句話說，若以實際拿到的錢為考量的話，在販售金額相同的情況下，賣出10萬本書拿到的錢其實是跟在網路上賣出1萬本書的錢是一樣的。這麼一想，假如自己本身就懂得市場行銷，而且也擁有像是社群粉絲這種一定程度的潛在顧客，故而認為沒必要特地跟出版社合作出書販售，其實也是非常合理的。

現在這個時代，只要有想法，或擁有專業知識、獨特的發想，而且還具備行動力的話，就算沒有大量資金或土地等資產，也能像我舉例的這些人一樣創造出非勞動所得。

5章

錢在這世上究竟是如何流動的呢？

5sho 01

所謂的經濟大國，指的是怎樣的國家？

●日本是全球第三經濟大國？

各位有沒有在新聞報紙上，聽過或看過「日本是世界排行第三的經濟大國」這樣的說法呢？

聽過或看過這樣說法的各位有怎樣的感覺呢？

我其實還不是很習慣。因為我記得在我還是學生的時候，學到的是「日本可是世界排行第二的經濟大國」，也記得當時自己很驚訝：「這麼一個小小的島國竟然僅次於美國，排名世界第二，太強了吧。」同時還感到一絲驕傲。

我在2007年進入社會，而那時的日本依然是世界第二經濟大國，所以我想這樣的印象大概已經烙印在我的腦海裡。就是因為這樣，我到現在還停留在日本排名世界第二的印象。

我以前在金融機構上班時的主管，至今對於「強國日本」的印象似乎比我還要更加根深蒂固。

一九七九年出版了一本分析戰後日本經濟高度成長的書籍**《日本第一：對美國的啟示》**（註40）大為熱賣。在一九八〇年代後半的**泡沫經濟期，光是東京都的電車山手線內側的土地價格就能買下美國全部的國土**，說不定那時甚至有人會覺得日本才是世界第一強國。

那麼日本是在什麼時候掉到第三名的呢？

答案是二〇一〇年。自從被另一個國家追過以來，已經有超過十年的歲月了，想必各位馬上就知道日本是被哪個國家超車的吧？

沒錯，就是中國。中國的人口數是日本的十倍以上，只要中國持續高度經濟成

（註40）**《日本第一：對美國的啟示》**
美國社會學者傅高義於一九七九年出版的書籍。此書分析日本戰後的高度經濟成長期，在日本成為暢銷熱賣書籍。傅高義同時也是研究中國的權威學者，持續發表關於中美關係等等的演說，直到二〇二〇年去世，享壽九十歲。

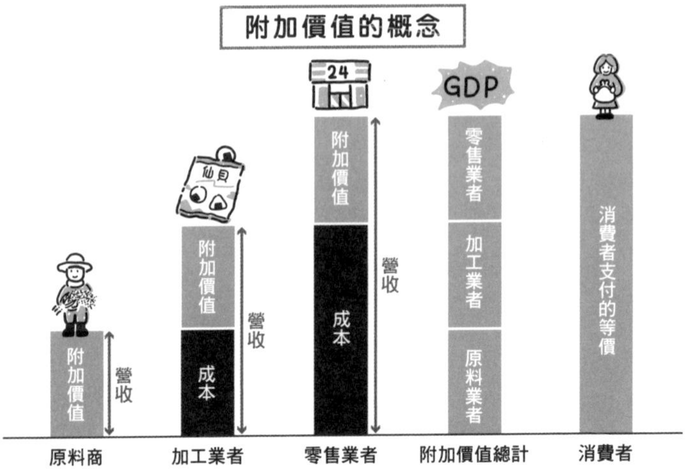

（出處）：作者製圖

長，追過日本也是理所當然的事。

●日本是什麼排行第三？

那麼，是根據什麼依據來排行第一名、第二名、第三名的呢？是人口？知名企業的**市值總額**（註41）？還是軍事力量？

答案是國內生產毛額（GDP），世界經濟大國排行榜便是根據這項數據做成。

不過，各位可能一聽到GDP就會覺得好難。這本書不是經濟學的課本，也不是經濟專業書籍，所以這邊我就簡單扼要地說明一下就好。

（註41）**市值總額**
評估公司價值的指標。一般是以該公司的股價除以該公司發行的股數計算得出。在了解公司的規模時，通常多以市值總額做為參考。

所謂的GDP指的是在一定期間內在國內生產的商品或服務的附加價值總額，中文稱為國內生產毛額。所以，並不包含企業在國外生產的附加價值。

講到這裡，大概有人又會有「什麼是附加價值？」的新疑問吧。我就用個簡單的例子來補充說明吧。

我們在店裡買東西付錢時，其實這件商品在店內上架之前要先經過幾個階段。首先是加工業者向原料供應商採購原料，加工以後再賣給零售業者。然後零售業者將商品放在店裡販售，我們消費者最後才付錢買了這件商品。每個階段的業者在販售產品時都會將成本加上附加價值。換句話說，附加價值就成為各個業者的「利益」。各位請將這些附加價值的總計想成是GDP。

一般都會將GDP的增加視為經濟成長，所以假如新聞報導寫出「20XX年，日本的（名目）GDP比前一年增加了2・0%」，就代表日本的經濟比前一年成長了2%。順帶一提，GDP分為「名目GDP」與「實質GDP」，兩者的差異我會在204頁詳細說明。

●二〇五〇年的日本依舊是經濟大國嗎？

這裡有個讓人比較關心的問題，那就是日本還能維持經濟大國的身分到什麼時候呢？

我就來出個問題考考各位吧。

問題

日本二〇五〇年的GDP在世界排行當中的位置是？

1 排行前三名
2 不在前三名之中，但是世界前十大
3 跌出世界十大

給各位一點小提示，若觀察泡沫經濟開始之前的一九八〇年到二〇二〇年這一段時間，美國、中國、日本所占的GDP比例的話，可以發現日本的GDP占比在一九九四年、一九九五年左右就開始慢慢往下掉，而中國的GDP則是從二

美中日的GDP世界占比變化

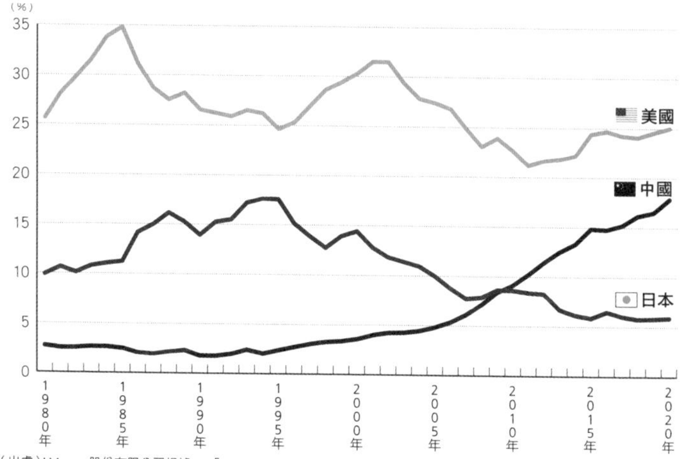

（出處）：Manene股份有限公司根據IMF「World Economic Outlook Database, October 2020」數據製表。

〇〇〇年以後開始急起直追。

那麼，答案是哪一個呢？

PwC是全球最大的聯合會計師事務所，針對企業或經濟給予分析或建議等等，而根據PwC公布的報告，二〇二五年的GDP排行如下頁的表格所示。

在這份排行當中，日本跌落至第七名。因此正確解答是②。每個人的看法不同，有些人或許會覺得排名還在前十以內，不覺得這就叫做跌落。

二〇五〇年世界GDP排行榜

順位	國　家	預估GDP(10億美元)
1	中國	61,079
2	印度	42,205
3	美國	41,384
4	印尼	12,210
5	巴西	9,164
6	墨西哥	8,014
7	日本	7,914
8	俄羅斯	7,575
9	奈及利亞	7,345
10	德國	6,338

(註):GDP以2014年購買力平價計算。
(出處):出自PwC「2050年的世界 世界經濟秩序將會如何變化?」。

不過,看見這份前十大排行的國家名單,各位有什麼感想呢?在日本以外的其他九個上榜的國家中,也許各位還可以想像中國、印度、美國、德國為何上榜,但像是印尼、墨西哥、奈及利亞就比較讓人意外吧?

姑且不論近年來的中國,新興市場的成長速度比我們想像得還要更快,想必今後的全球經濟勢力版圖將會有天翻地覆的改變。

5sho 02

所謂的景氣，究竟是什麼呢？

●景氣高峰？景氣谷底？

出社會工作以後，我在與客人開會時經常聽他們聊到「景氣變差了，真讓人傷腦筋」或「今年的景氣不錯，可以期待一下工作獎金了」。各位或許也經常在新聞報紙上面看到「景氣好」、「不景氣」。不過，我想應該只有少數人才知道「景氣」的好壞是怎麼判定出來的吧？

在進行說明之前，我們先來看看什麼叫做景氣吧。

一般來說，經濟景氣會像波浪一樣高低起伏。景氣好指的是景氣邁向擴張的時

景氣像波浪一樣高低起伏

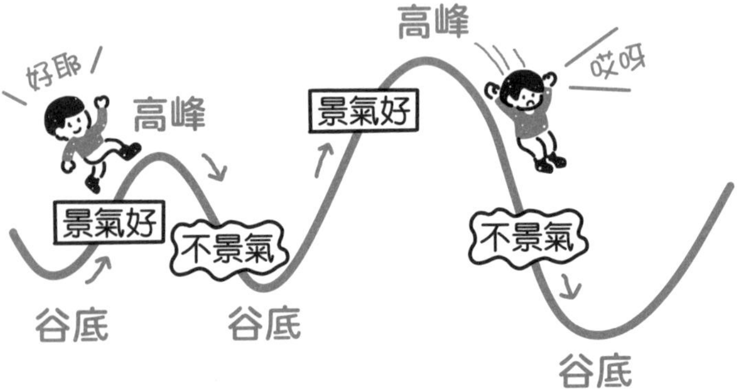

期，當景氣到達頂點以後便會開始衰退，這就是經濟不景氣。此時，我們將**景氣的頂點稱為「高峰」**。當景氣越過高峰開始走下坡，最後觸及谷底，就會再反彈，邁向擴張。我們將這時碰到的最低點稱為**景氣的「谷底」**。

我記得好像是在國小還是國中的時候，社會課的老師就曾經教過「岩戶景氣」跟「伊邪那岐景氣」。當時的我只知道「好像就是指高度經濟成長期」，現在當然很清楚這兩個景氣。

岩戶景氣指的是一九五八年七月～

一九六一年十二月，為期42個月的景氣擴張期。日本人以前應該都在課堂上學過「**投資吸引投資**（註42）」這個說法，或是聽老師說過當時是「三種神器」（冰箱、洗衣機、黑白電視）急速普及的時代。

另一方面，伊邪那岐景氣則是指一九六二年十一月～一九六四年十月，為期24個月的景氣擴張期（局面）。由於東京奧運會於一九六四年十月開幕，新幹線、高速公路、體育場館的建設、整建都在奧運會開幕前如火如荼進行，帶來了好景氣。

那麼，這裡有個問題要考考你們。

問題

日本戰後的景氣擴張期最長持續了幾個月？

1 73個月（約6年）

2 98個月（約8年）

3 121個月（約10年）

（註42）**投資吸引投資**

出現在一九六〇年出版的經濟白書。當時池田勇人率領的內閣推行所得倍增計畫等等，是日本實現經濟急速成長的一段時期，這份經濟白書中指出，一個產業的設備擴大能促使另一個產業擴大設備，而設備投資的連鎖效應帶來經濟成長。

CI（同時指數）的推移

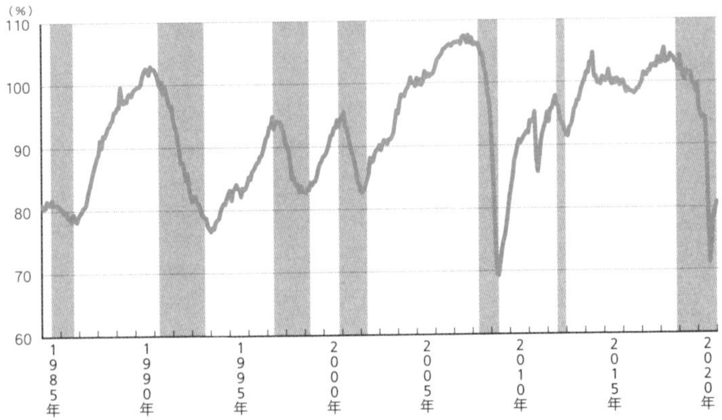

（註）：灰色部分為景氣衰退

（出處）：Manene股份有限公司根據日本內閣府「景氣動向指數」的數據製圖。

第二次的安倍政權上台時，誕生了以**「三支箭**（註43）**」**的比喻而廣為人知的「安倍經濟學」一詞。聽起來有種景氣正在擴張的感覺吧。這段期間最長的景氣擴張期從二〇一二年十一月直到二〇一八年十月，為期71個月。

那麼，我們來看一下這題的答案吧。戰後持續最長一段時間的景氣擴張期是從二〇〇二年二月到二〇〇八年二月，為期73個月。所以，正確解答是①。

此次的經濟擴張期被命名為「伊邪那美景氣」。這個名稱來自於日本的「建

（註43）**三支箭**

以「大規模的寬鬆貨幣政策」、「機動的財政政策」、「喚起民間投資的成長戰略」為支柱的「三支箭」。二〇一五年安倍政權提出了「新三支箭」作為安倍經濟學的第二階段，新三支箭即是「誕生新希望的強力經濟」、「編織夢想的生育支援計畫」、「與安心相伴的社會保障」。

國神話」當中的女神「伊邪那美」，有點容易跟伊邪那岐景氣搞混。

一定有人很驚訝「原來戰後持續最長一段時間的景氣擴張期是近幾年的事情而已」吧。

就以我為例好了，從我高中三年級到出社會第二年，就剛好處於那次的景氣擴張期，但我內心真正的感想其實是「對於景氣變好並沒什麼印象」。由於伊邪那美景氣的特徵完全符合我說的這個感想，因此又被評論為**「無感的景氣復甦」**。

我們說了很多關於景氣擴張期的內容，而景氣衰退期就是前一頁的圖表當中的網格部分。看了這張圖表之後，各位應該就能看出景氣是上上下下起伏的吧。

●景氣高峰或景氣谷底是如何決定的呢？

回到我們最剛開始的話題，最後我就來說明一下景氣的好壞是如何決定的。

經濟學家或政治家當然不是「憑感覺」決定景氣的好壞，而是有個固定的經濟指標可以用來精準判斷。這個經濟指標就是**「景氣動向指數」**。

景氣動向指數是一種經濟指標，利用失業率、股價等各式各樣的經濟指標計算而出。

景氣動向指數分為三種，第一種是由提前反應景氣的經濟指標（股價等）算出的**「領先指標」**，第二種是由同時反應景氣的經濟指標（零售業銷售額等）計算出的**「同時指標」**，第三種則是由晚一步反應景氣的經濟指標（失業率等）計算出的**「落後指標」**。

景氣動向指數研究會的會員負責記錄用於計算景氣同時指標的各種經濟指標是否成長或惡化，針對這些指標進行討論以後，再由經濟社會綜合研究所的所長決定出景氣的「高峰」或「低谷」。

附帶一提，各位只要仔細想一想各個經濟指標的特徵以後，就可以知道為什麼有些指標是提前反應景氣，有些指標則是晚一步才反應景氣。

例如：股價是計算領先指數的經濟指標之一。投資人以低於其他人的價格買入股票，再以較高的價格賣出股票，如此就能賺到錢。所以即使現階段的景氣不好，只要我們覺得接下來的景氣應該會好轉的話，也會因為「將來一定會好轉」的想法而決定購買股票。因此，股價才會比實際的景氣提前發生變化。

另外，失業率之所以延遲反應景氣，原因就在於日本的雇用制度。在日本，只要正職員工沒有違法行為，公司就無法隨意地開除。換句話說，公司不能夠隨意解雇員工，叫他們「明天開始就不用來上班了」，要花許多時間才能在員工沒有違法的情況下解雇員工。因此，就算公司因為景氣變得愈來愈差，希望透過解雇正職員工削減人力成本（人事費用），也沒辦法想解雇就解雇。

就是因為這樣的規定，失業率才會延遲反應出景氣狀態。

各位聽到經濟指標之類的詞，可能會覺得有些困難，但像這樣仔細觀察以後，就能發現其實當中的緣由出乎意料地簡單，而了解這些經濟指標以後，想必就能讓人覺得新聞或經濟也不是那麼地無趣難懂，感覺變得更加靠近。

日本景氣動向指標採用項目一覽

	指　數
領先指標	1.最終需要財存貨指數（反向指標）
	2.礦工業用生產財存貨指數（反向指標）
	3.新增求人數（畢業生除外）
	4.實質機械訂單（製造業）
	5.新設住宅開工面積
	6.消費者信心指數（2人以上家庭、季節調整值）
	7.貨幣供給量（M2）（與去年同月相比）
	8.東證股價指數
	9.投資環境指數（製造業）
	10.中小企業銷售預期DI
同時指標	1.生產指數（礦工業）
	2.礦工業生產財出貨指數
	3.耐久消費財出貨指數
	4.勞動力投入量指數（調 產業計）
	5.投資財出貨指數（不含運輸機械）
	6.商業銷售額（零售業，與去年同月相比）
	7.商業銷售額（批發業，與去年同月相比）
	8.營業利益（全產業）
	9.有效求供倍數（除應屆畢業生）
	10.出口數量指數
落後指標	1.第3級產業活動指數（商業服務業）
	2.常用雇用指數（調 產業計，與去年同月相比）
	3.實質法人企業設備投資（全產業）
	4.家計消費支出（工薪家庭，名目支出，與去年同月相比）
	5.法人稅收入
	6.完全失業率（反向指標）
	7.名義工資指數（製造業，名目指數）
	8.消費者物價指數（生鮮食品以外的綜合指數，與去年同月相比）
	9.最終需求財庫存指數

（註）:「反向指標」指的是指數的上升或下降與景氣動向相反的指標
（出處）: 出自內閣府「景氣動向指數的使用指南」

5sho 03

家計指的是「家庭的生計」吧？

●家庭生計是撐起國內經濟的支柱

各位應該也都聽過「家計拮据」或「操持家計」的說法吧。大多數人應該都知道家計一詞，而且我想大部分的人也都曉得家計的意思，多少能說出：「指的是家中的經濟狀況？」等等。不過，如果有人要求我們「用小學生也能理解的方式說明」，可能就沒有想像的那麼簡單。

家計又被稱為家庭經濟，也是與政府、企業並列的國內經濟主體（支撐經濟的支柱）之一。從上一段提到的「操持家計」一詞的用法，也能曉得家計是由收入及支出構成。以淨資產的觀點來看，收入及支出又可以分為兩種。各位的心裡大概覺得：「就算用淨資產的觀點，我也不曉得什麼是淨資產。」請各位放心，我這就舉個具體的例子說明。

首先我們來看收入。收入有薪水收入、存款利息以及股票的股利。當我們獲得這些收入，財產便會增加，我們將這樣的收入稱為實質收入。

另一方面，當我們從帳戶提領現金，或向銀行、融資公司借錢、貸款，手邊的金額一樣會增加，所以也稱得上收入吧。不過，這些錢不過是從原本就有的存款領出的現金，借來的前總有一天也必須還給別人才行。換句話說，實際上的財產並沒有增加，所以被歸類在非實質收入。

接著，我們再來看支出。支付了生活費、稅金、社會保險費以後，我們的財產就會實際地減少，因此我們稱之為實質支出。另一方面，當把錢存進帳戶、償還欠款的時候，我們手上的錢雖然變少了，但財產並沒有實際地減少，因此我們稱之為非實質支出。

支出除了可以分為實質與非實質以外，其實還有其他的分類方式。例如：我們將購買商品、服務的支出稱為消費支出，如：教育費、伙食費、通信費、娛樂費等等。另一方面，所得稅、消費稅等稅賦、社會保險費、存款等支出，則稱為非消費支出。

那為什麼支出還要分為消費支出與非消費支出呢？其實這是為了讓我們在新聞或報紙看到「消費增加」的用語時，可以正確地理解這句話所代表的意思。例如：即使消費增加，但如果增加的只有非消費支出，那麼景氣就不算好轉；相反地，如果消費支出增加，資金照理來說就會流通，所以我們自然就會覺得景氣應該是真的變好了。當然了，**就算全體國民的薪水上漲，但如果消費支出沒有增加的話，那就不能肯定地表示景氣真的好轉**。

●掌握與去年同月相比的感覺

景氣好轉，多數的人就會增加消費；景氣變差的話，大家就會勒緊褲帶，控管消費。

因此，**我們可以透過掌握消費動向，了解景氣的狀況**。其中，我們還可以透過每個月觀察日本總務省統計局所公布的「家計調查」，發現一些很有趣的事情。都道府縣的知事會指派統計調查員，探訪成為調查對象的各個家庭，並且留下家計簿，請他們記錄家計，最後再收回這些家計簿，並公布這項家計調查的結果。這樣聽起來，各位應該都能了解「其實這項調查很貼近實際的家計狀況」。

那麼，我就來說明一下要怎麼掌握消費動向，以及應該注意哪些部分。不光是消費支出，我們在觀察經濟指標時，通常都必須要先了解兩件事。

第一個是**去年同月比較**。這是為了分析這個月的狀況如何，而將今年的數據與去年同月份的數據相比，再以百分比（％）呈現數據是否增減。例如：去年一月只賣100日圓的物品，今年一月以102日圓賣出的話，那麼就表示這件物品的價格比去年同月上漲了2％。

另一個則是**名目值與實質值**。名目值指的是在超市貨架上記載的商品金額等等。另一方面，實質值則是扣除了物價變動的影響以後的數值。我們就以具體的例子，說明一下為何實質值要排除物價變動的影響吧。

假設，有個售價200日圓的玩具一共賣出了1萬件，這時的銷售額即為200萬日圓。隔年，這個玩具的價格上漲了10%，變成220日圓。而且不僅價格上漲，就連銷售數量都比去年多了2000件，一共賣出了1・2萬件。

如此一來，這一年的銷售額就是「220日圓×1・2件＝264萬日圓」。

若以名目值而言，銷售額從200萬日圓成長至264萬日圓，所以代表銷售額增加了32%。不過，由於商品的價格比去年漲了10%，因此若以扣除了物價變動的實質值而言（以去年的物價為基準），銷售額其實是成長20%才對。

換句話說，**如果我們想要知道消費實際成長了多少，那麼我們就不能只看「名目」上的數據，而是必須觀察扣除了物價上漲部分以後的「實質」數據。**另一方面，由於消費者比較有感的通常都是價格標籤上的金額，所以這時使用名目上的數據，更能做出接近實際感受的分析。

不過，當我們使用去年同月比來觀察經濟指標時，還必須注意到一些特殊因素，因此我出個問題考考各位，讓各位都能了解這件事的必要性。

「兩人以上家庭」的實質消費支出與去年同月相比的增減比率，是研究一般家庭的消費動向時相當重要的數據，而我們這次的問題，就是關於二〇一九年一月～十二月的「兩人以上家庭」的實質消費支出與去年同月相比的增減比率。

問題

觀察兩人以上的家庭二〇一九年每一個月的實質消費支出以後，請問哪一個月的實質消費支出與去年同月相比增加了最多？

1 **四月**
2 **九月**
3 **十二月**

給你們一點小提示，減少最多的月份是十月份。把這項提示、題目內容以及選項組合起來，然後稍微思考一下，也許自然就會知道答案是哪一個了。

那麼，各位的答案是哪一個呢？

下一頁的圖表是根據「家計調查」製作而成，只要看了這張圖，各位應該就一目

消費支出較去年同月的增減率（2人以上家庭）

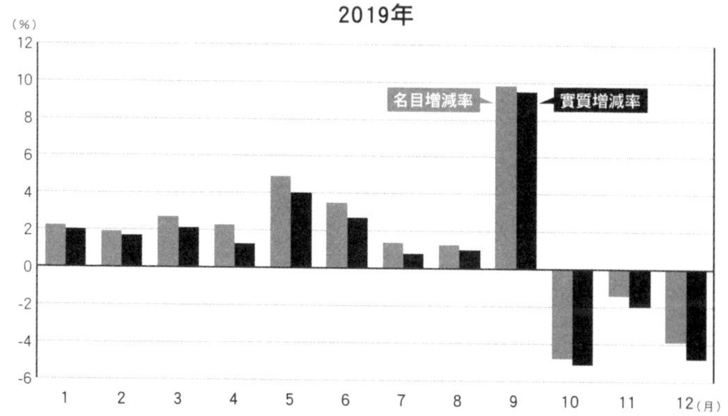

（註）：名目值與實質值皆為變動調整值，調整2018年1月起使用的家計簿修正後的影響所帶來的變動。
（出處）：出自日本總務省統計局「由家計簿審視家庭生活」。

瞭然了吧。正確答案是②九月。

我們可以看到名目消費支出與實質消費支出都在九月大幅上升，並在十月暴跌。那麼，為什麼會出現這樣的情況呢？這其實就是由於某個特殊的因素。二〇一九年九月、十月的大事件……。各位想到了嗎？沒錯，就是提高消費稅（參考P239）。

二〇一九年十月，日本的消費稅由8%調升為10%。因此，日本人趕在九月時出現大量的消費需求，十月便因消費稅提高的反作用，使消費支出一落千丈。

各位對於自己家裡當時的消費情

況，是不是也依稀記得「我那時候好像買了某個很貴的東西！」呢？

不要只看眼前的收支，要看整體的趨勢

我們在這章節的一開始就說過，家計是構成國內經濟的支柱之一。提到家計，我們就會在不知不覺中只注意到眼前的收支，**擁有像這樣細微的觀點固然重要，但我們也應該具備更宏觀的視野，了解經濟整體的樣貌**。

在網路世界當中，許多人都喜歡用非黑即白的方式來發表意見。有的人講話總是以偏概全，有的人則是相反。

但在現實世界裡，是同時存在著微觀的世界與宏觀的世界，倘若我們只具備其中一種觀點，就容易變成一個意見極端的人。

現實的經濟有著各種奇怪又複雜的情況，有時以微觀的角度看待或許是對的事情，以宏觀的角度來看待卻可能是錯誤的結果。我希望各位都能從這本書學到關於金錢的知識以及教養，並成為一位兼具宏觀與微觀視野的人，這樣才能在經濟世界裡發現這些有趣的事情。

5sho 04

決定商品價格的方式

●如何將100日圓的水以1萬日圓的價格賣出？

我在大學畢業前，原本就打算繼續念研究所，所以當時幾乎沒參加任何就職活動，不過我的同學們早就開始參加就職活動，所以也聽他們分享了許多關於就職活動的趣聞。

其中有一件事最常聽他們分享，我到現在還不曉得這件事情究竟是真的，或者只是一個都市傳說。據說，某個知名的外資企業在面試時，都會問面試者：「你要怎麼做，才能將100日圓的水以1萬日圓賣出？」我聽到的那瞬間，只覺得：「這不詐騙的話，根本不可能吧！」像我這樣覺得的人，肯定沒辦法在就職活動中殺出重圍吧。

我個人的想法就姑且不討論了，在詢問朋友這個問題的模範解答以後，我得到了「賣給倒在沙漠裡的人」的答案。

我至今還是很懷疑這樣的問題是否能測出應試者的思考能力，但這道題目卻隱含了我們在學習如何決定商品價格時，最重要的精髓，事不宜遲，我們就來思考一下關於物品的價格吧。

我們在表示物品的價格，會使用「物價」一詞。

像是新聞出現「物價比去年上漲了○％」時，通常這裡所說的物價在日本都是指日本總務省公布的**消費者物價指數**（註44）。

不過，不曉得現在十幾歲～三十幾歲的人是否覺得日本的物價（商品的價格）在上漲呢？我在寫這本書的時候是三十六歲，雖然覺得自動販賣機的果汁價格比以前貴，但整體而言並不覺得物價上漲得很誇張。

不過，我之前外派到印尼的雅加達時，對於物價的上漲就相當有感。自我抵達印尼直到回日本的這一年半之間，洋芋片價格的漲幅就超過了10％，真的讓我相當驚

（註44）**消費者物價指數**
了解物價（商品或服務等）變動的指標，也被稱為「經濟的溫度計」。日本每個月都會由總務省公布消費者物價指數，有時也會取英文「Consumer Price Index」的縮寫，簡稱CPI。

訝。後來查了一下資料才發現，原來我在印尼的那段時間，印尼的消費者物價指數在一年之間上漲了6％左右。

順帶一提，日本的零食廠商卡樂比自二〇一九年五月起，調整了三種洋芋片產品「Calbee洋芋片」、「監揚洋芋片」、「比薩洋芋片」的出貨價格。距離卡樂比上一次在二〇〇九年四月調整價格以來，有十年的時間不曾漲價，而此次的漲幅落在2．9～6．3％。

各位應該看得出來日本與印尼之間的物價漲幅的差別吧。

那麼，這裡有個問題要考考你們。

問題

若以二〇一五年的物價（消費者物價指數）為100，二十年前（一九九五年）的物價大約是多少呢？

1 85．9（大約便宜14％）
2 97．6（大約便宜2．5％）
3 101．8（大約貴了2．0％）

消費者物價指數的走勢（1970～2019年）

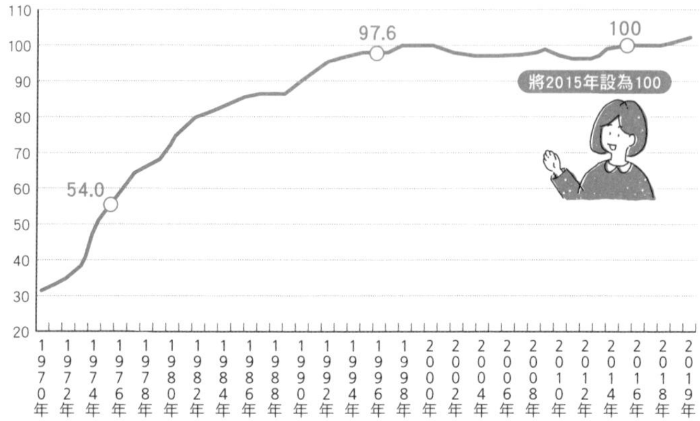

（出處）：Manene股份有限公司根據日本總務省「消費者物價指數」的數據製圖。

給你們一點小提示，二〇一五的四十年前也就是一九七五年，當時的物價指數算起來是54・0。換句話說，當時的物價比現在便宜46％。

那時我根本就還沒出生，但如果是知道當時日本的人，應該有印象日本也曾經歷過物價暴漲的時期吧？

那麼，這個問題的答案是哪一個呢？

上圖是日本總務省公布自一九七〇年至二〇一九年的消費者物價指數走勢圖。根據這張圖表，應該能看出日本的物價一直到一九九五年左右都保持直線上升，但自那之後就一直停滯。

我們分別將一九七五年、一九九五年、二〇一五年都標上數字。

也就是說，正確解答是②。若跟一九七五年以後的那二十年間相比，應該有許多人都感覺不到物價上升吧。

●當商品的供給與需求一致，便決定了商品的價格

到目前為止，我們已經看過關於物價，也就是商品價格的變化，那麼，商品的價格究竟是怎麼決定的呢？

這又要回到我們在前面提過關於應徵面試時的問題了。

「就算這瓶水原本只用100日圓就買得到，但如果把它賣給一個倒在沙漠裡而且口乾舌燥的人，那麼它就能用1萬日圓的價格賣出」。這段話看起來有點極端，但對於了解決定商品價格的機制來說，我覺得是一個非常好的例子。

簡單來說，**當商品的需求與供給一致時，就會自動決定了價格**。請各位參考下一頁的圖表，我們用圖表來說明，會更容易理解我接下來講的內容。首先，我們先來看一下賣方（供給方）眼中的世界。圖表的縱軸為價格，橫軸則為數量。

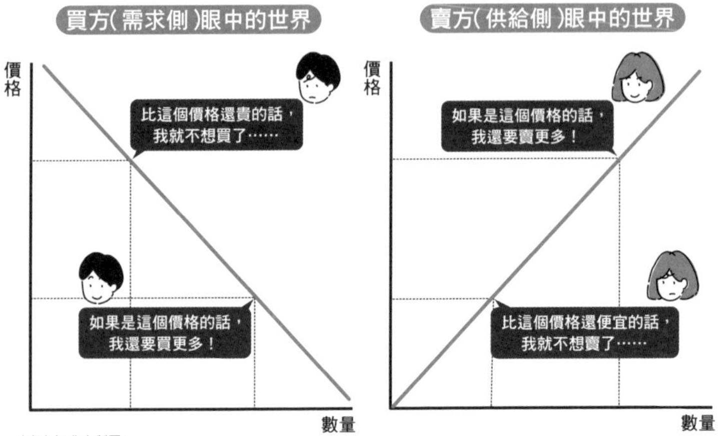
買方（需求側）眼中的世界
價格
比這個價格還貴的話，我就不想買了……
如果是這個價格的話，我還要買更多！
數量
賣方（供給側）眼中的世界
價格
如果是這個價格的話，我還要賣更多！
比這個價格還便宜的話，我就不想賣了……
數量

（出處）：作者製圖。

就賣方而言，商品若能賣出好價錢，當然會想要賣得更多（想供給）；但如果只能便宜賣的話賣方，賣方就會**賠本**（註45），所以賣方乾脆就不賣了（不想供給），對吧？各位可能一看到圖表就會覺得很困難，但這個例子其實非常簡單又理所當然。將賣方眼中的價格與數量的關係畫成圖表的話，就會得到一張直線往右上方傾斜的圖表。

相反地，我們也用同樣的方式，將買方（需求方）眼中的世界畫成圖表吧。不用我多說，商品的價格愈便宜，想買的人就會增加；商品的價格愈貴，想買的人就會減少。因此，將買方眼中的世

（註45）**賠本**
以低於商品製造成本或進貨成本的價格販售、提供商品，也就是售價低於成本價。據說百元商店裡也有販售一些售價低於成本價的商品。

界畫成圖表，就會得到一張直線往右下傾斜的圖表。

不管是買方還是賣方，各有各的心思。有人想要賣得貴一點，也有人想要買得便宜一點，要是彼此互不相讓，買賣便無法成立。因此，彼此若能各退一步，漸漸地就能找到雙方都能接受的點（平衡點）。而商品的價格就是以這個平衡點來決定的。

這張圖表比想像得還要更好用，我們就再繼續用這張圖表來說明（參考下一頁的圖表）。例如：我們假設工廠因為天災而無法運作，或由於原物料漲價而不得不減少生產量等等，基於某個理由而減少供給量（數量）。以先前用1萬日圓賣出原價100日圓的水的例子來說的話，狀況就是沙漠裡只有這麼一瓶水而已。

這麼一來，供給方的曲線就會往左側平移。這時，假如需求方沒有任何變化，曲線上的平衡點會移動到左上方，價格往上漲（下一頁的上圖）。

但是實際上，只要價格上升了，想要購買的人（需求）應該也會減少，所以表示需求的曲線也會往左邊移動，價格便會往下跌（下一頁的下圖）。就像這樣，**當供給與需求達到平衡時，就會決定商品的價格，供給或需求出現變化時，商品的價格也會跟著改變**。

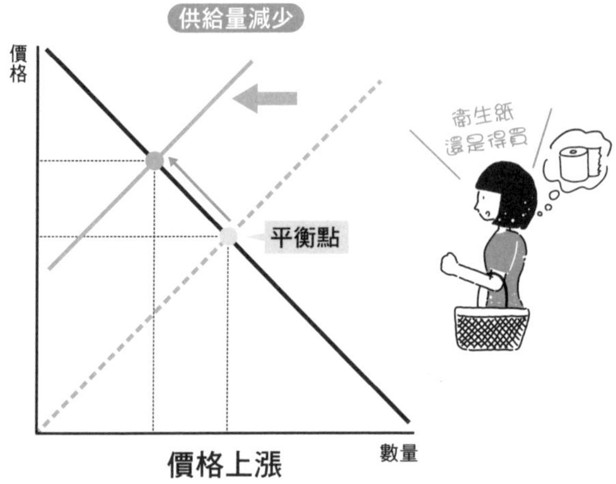

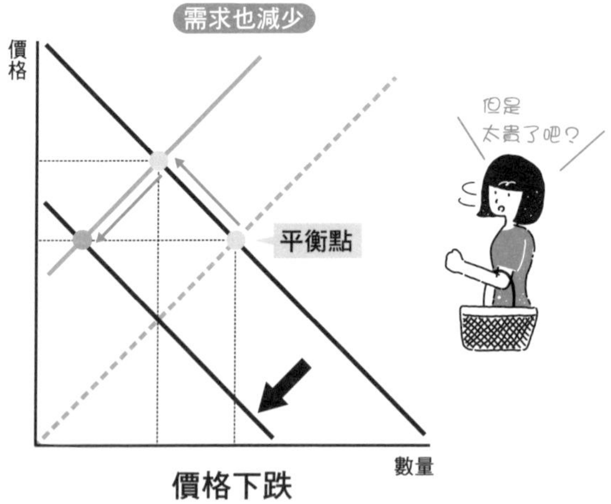

（出處）：作者製圖

5sho 05

了解通貨膨脹與通貨緊縮

雖然聽過通貨膨脹與通貨緊縮……

只要是高中生，應該都曾經聽過「通膨」與「通縮」。國中生認識這兩個字嗎？如果大學生的話，我想應該有許多人都知道通膨與通縮，但大概也有許多人都無法清楚地回答這兩個字的意思。

那麼事不宜遲，我們就來認識一下何謂通膨與通縮吧。

通膨的全名為「**通貨膨脹**」，指商品價格持續上漲的狀態。

通膨分為兩種，一種是由於景氣變好，人們的購物能力增加，於是價格便跟著慢慢上漲的「**需求拉升型通膨**」；一種是由於原物料價格翻漲，造成商品價格也跟著上漲的「**成本推動型通膨**」。

另一方面，通縮的全名為「**通貨緊縮**」，指商品價格持續下跌的狀態。

簡單來說，假設由於雷曼兄弟破產、新型冠狀病毒等因素，造成景氣惡化，人們便會開始節約度日，而商品也會變得愈來愈難賣出。如此一來，企業為了賣出商品，便調降商品價格。要是調降價格還是賣不出去，企業就會繼續降價……。通貨緊縮就是像這個樣子，是一種商品的價格持續下跌的狀況。

此外，通膨還有一種情況稱為「**惡性通膨**（註46）」，指的是商品價格以不尋常的速度上漲的狀態。

辛巴威在二〇〇八年發生了惡性通膨，短時間內創下了2億%以上的通膨率，讓人記憶猶新。

根據我當時聽到的消息，辛巴威的人在店裡排隊買東西的同時，商品的價格也一直往上漲。

（註46）**惡性通膨**
近年來，石油生產國委內瑞拉因原油價格下跌，而飽受惡性通膨之苦（二〇二〇年十二月資料）。二〇一九年一月更創下了２６８萬%的通膨率，委內瑞拉當地的流通貨幣「玻利瓦」如同紙張一般一文不值。

全球的物價是如何波動的呢？

那麼，除了日本的物價之外，全世界的物價又是呈現怎樣的趨勢呢？為了更好理解通膨與通縮，我在這裡不打算使用這幾年的趨勢，想以一九八〇年左右以來的長期趨勢來思考這個問題。

自一九八〇年以來的這四十年，全世界的人口逐漸增加，更發生了種種的變化，如：網路普及、IT技術進步等等。而這些變化究竟是造成物價上升，還是導致物價下跌了呢？這裡有個問題要考考你們。

問題

若以一九八〇年↓一九九〇年↓二〇〇〇年↓二〇一〇年的順序排列日本、美國與歐洲的消費者物價指數的平均值（去年比），正確解答是哪一個？

1 7・8％↓3・1％↓負0・7％↓負0・7％

2 12・6％↓5・5％↓2・7％↓1・0％

3 14・8％↓7・1％↓4・1％↓1・8％

消費者物價指數的長期走勢

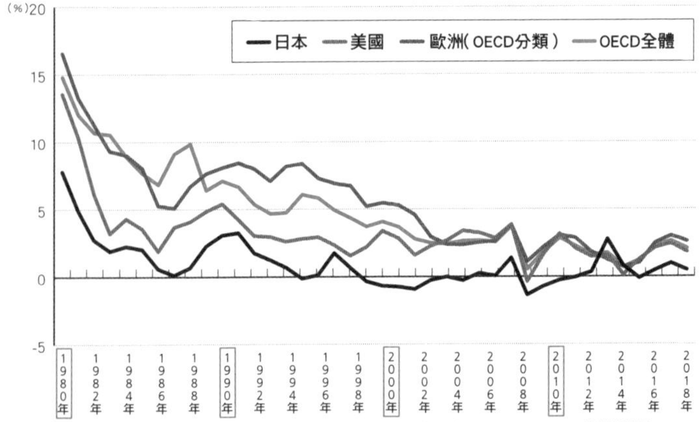

（出處）：Manene股份有限公司根據OECD statistics「Consumer price indices (CPIs) - Complete detabase」的數據製圖。

從選項來看，全世界的物價都有下跌的趨勢。

我個人認為，物價下跌的背景原因除了有上一段提過的網際網路普及與IT技術的進步以外，更因為全球化的緣故，讓各國都開始採用勞力相對便宜的海外勞工，迅速地提升了生產效率。

那麼，我來公布正確解答。

上圖是根據**OECD**（經濟合作暨發展組織）（註47）的數據做成的圖表。根據這張圖表，可以看出日美歐消費者物價指數的平均值（與去年相比）

（註47）**OECD**
以針對世界經濟整體進行協商為目的的國際組織，又被稱為「全球最大的智庫」。成員國為包含日本在內的三十四個已開發國家，除了促進經濟成長、援助開發中國家、擴大多角化自由貿易，更於環境、能源、資訊通信、教育、醫療、金融等各個領域裡積極展開活動。

的走勢，答案即為②。順帶一提，選項③並非日美歐的消費者物價指數的走勢，而是OEDC的平均推移，選項①則是日本消費者物價指數的平均值走勢。

將這三條線擺在一起看，各位應該會發現日本消費者物價指數一直都在相當低的位置上下徘徊吧。

●通貨膨脹是一件可怕的事

講到這裡，我們已經了解通膨與通縮了，只要我向學生解釋「通縮」，就會有人問我：「既然東西都變便宜了，那麼對於家計來說，應該更有利才對啊？」

各位也是這麼覺得嗎？

我認為每個人都應該要具備各種不同的思維模式，但關於這個問題，我希望你們都要記得答案是「NO」。

我們再複習一次前面所舉過的例子吧。假設由於某些因素，造成景氣變差，於是人們開始節約度日，接著商品也變得愈來愈難賣出。這麼一來，企業就會為了賣出商品而調降價格，對吧？

沒錯，如果只看這個部分的話，或許大家都會因為可以用比較低的價格買到東西，而覺得撿到便宜，但這樣的想法只不過是以管窺天而已。大部分的人通常都是受雇於企業，領取工作換來的薪水。換句話說，**大部分的人的立場不光只有家計（消費者），同時還是受雇於企業的人（勞動者）**，因此必須連這個部分都要列入考量才行。之所以這麼說，是因為銷售額是用商品價格乘以銷售數量，當企業的商品賣不出去，而降價出售時，如果銷售數量還是與往常相同，那麼銷售額也會因為降價的關係而減少。

企業不是免費的義工，他們的目的就是創造商業利益，所以無論如何都會想辦法讓公司賺錢。原物料的進貨價格不可能因為調降售價而跟著減少，所以企業就必須決定是要減少人事費用，還是停止拓展海外市場或新建工廠等等早已計畫好的投資。

倘若企業決定減少人事費用，就有可能刪減員工的獎金，或暫緩人員升遷等等，最嚴重的情況還有可能資遣員工。人們的收入減少以後，生活便會過得比以往更加拮据，如此一來，企業就會再度調降商品售價。一再重複的結果，造成景氣愈來愈差，

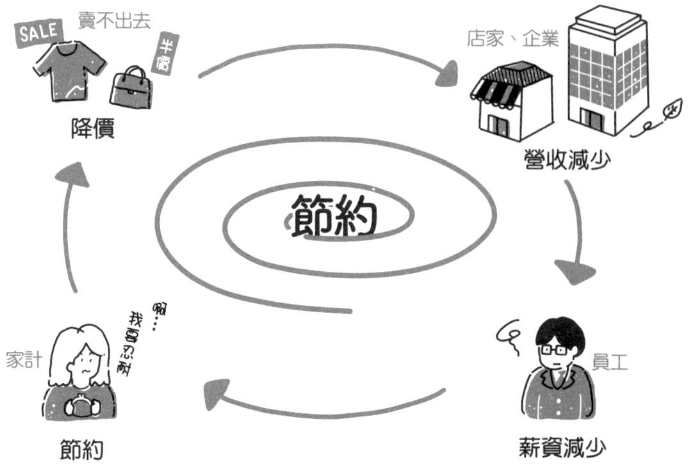

形成物價持續下跌的惡性循環，也稱為「**通縮螺旋**」。各位看完以後的感想如何呢？還會覺得我們應該誠摯歡迎通縮的到來嗎？

我們所居住的日本長期以來飽受通貨緊縮之苦。我們回顧這二十年左右的時光就好，在下一頁的圖表當中，可以看到虛線框起來的部分一直都深陷於通縮的狀態中，所以各位應該都能了解日本有已經有多長一段時間都無法擺脫通貨緊縮了吧。附帶一提，我在寫這本書的當下（二〇二一年四月），日本又要再一次進入通貨緊縮的經濟狀態了。

各種消費者物價指數的走勢

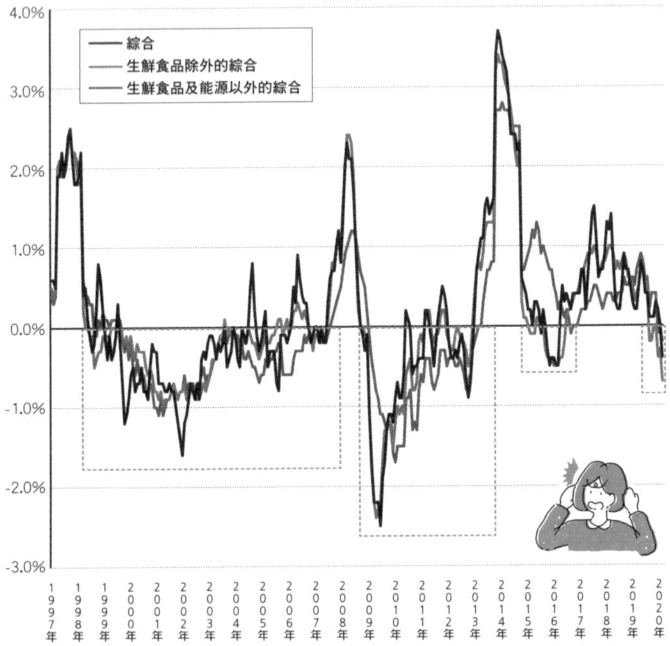

（出處）：Manene股份有限公司根據日本總務省「消費者物價指數」的數據製圖。

5sho 06

什麼是經濟政策？

●只有國家才能拯救國民？

「因〇〇造成景氣惡化，政府宣布將實施總額△△兆日圓規模的緊急經濟對策。」

這是近幾年來經常看見或聽見的一句話。由於天災或金融危機等等，造成國內景氣惡化時，國家便會透過經濟政策，力求重整國內經濟。

我們簡短地說一下這個過程。

①一旦景氣惡化，企業的獲利就會減少，所以勞工的薪資等所得可能也會跟著減少，甚至有人因此失業。

②人民不曉得這樣的經濟環境何時會結束，在看不見未來方向的情況之下，就會讓許多的人決定不再花錢，應該要把錢存起來，以備將來的不時之需。
③大家都減少購物消費，所以企業的業績變得更差，進而導致勞工的所得減少、失業的人變得更多。

而國家為了**阻止這一連串的負面連鎖效應，才要實行經濟政策。**

●做了正確的事，但景氣卻愈來愈差

就像前述的過程②一樣，個人或企業在景氣惡化時都可以採取個別的因應對策。所以，個人可能就會過得比較儉約，企業可能就會停止招聘新人等等，考慮各種對策。只是，一旦許多人或企業都採用這樣的因應對策，就會讓國家整體的經濟環境更加惡化。

像這樣，**明明每個人都做對的事情，但最後卻造成全體人員不樂意見到的結果，我們稱之為「合成謬誤」**。

那麼，這裡有個問題要考考你們。

不過，一直回答選擇題可能會覺得有點無趣吧，所以這一題就讓各位活動一下腦筋吧。

問題

請各位回想一下，你身邊曾經發生過哪些可以稱為「合成謬誤」的事情呢？

怎麼樣呢？回想起任何有關的回憶了嗎？

那我就來介紹我家發生過的事情，給各位參考一下吧。

我們家有三個小朋友，這次要介紹的是我的大女兒、小女兒、大兒子都還是學齡前兒童時的事情。在他們已經可以跟人聊天，也開始知道商店的存在以後，兩個女兒跟我一起散步的時候，都會找出她們認識的招牌，告訴我那家店的店名跟營業類型，例如：「這家是7-11，是便利商店。」

某一天，我們在車站附近看見了銀行，女兒問我：「那家是什麼店？」現在回想明明是做正確的事…

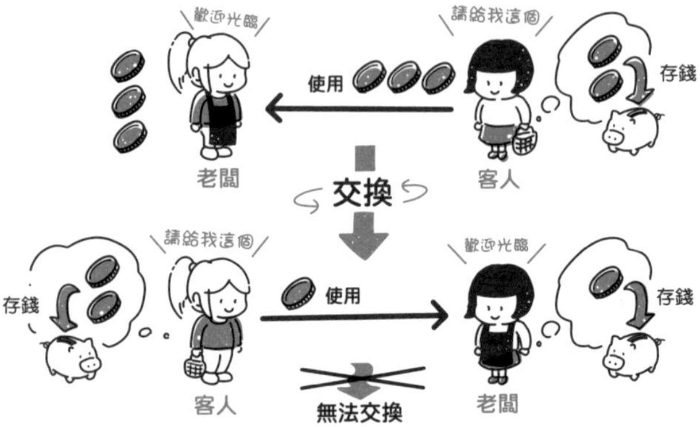

合成謬誤

起來，我覺得自己應該反省一下，當時的我不曉得為什麼只有簡單地告訴他們：「那是一間可以存錢的店喔。」女兒聽到之後只說：「好奇怪的店喔。」

我們家小朋友拿到零用錢都是存在小豬撲滿裡，所以我也覺得沒必要大費周章地到銀行存錢。於是，我便跟他們解釋：「把錢存在銀行裡的話，錢就會比之前多一點點喔。」而女兒只是回答：「是喔。」我們那時的對話就結束了。

後來的某一天，兩個女兒像往常一樣在玩扮家家酒，當客人的大女兒沒有把全部的錢用完，就跟當店長的二女兒交換角色。二女兒問姊姊：「你為什麼不把錢用完？」大女兒說她要把一些錢拿去銀行存起來。後來，二女兒也學著姊姊把一些錢留下來，然後兩個人再交換角色。

各位已經發現哪裡不對勁了吧？

如果就按照這樣的方式，一直交換角色下去，他們最後會沒有錢買東西，扮家家酒的遊戲就不能再繼續玩下去了。

這兩個孩子都把錢存起來了，但他們並沒有做錯事。日本人將存錢視為節約用錢的一環，認為不隨便亂花錢，要把錢存起來才是「好的」，所以這兩個孩子這樣子做並沒有問題。

只是，結果就是她們的經濟活動——扮家家酒遊戲最後不能再玩了。於是，我從別的地方再拿了一些玩具錢幣，讓這兩個孩子繼續她們的辦家家酒遊戲。我這麼做就好比是國家提供資金給市場的緊急經濟對策呢。

●貨幣政策與財政政策

經濟政策的目的，除了像之前所說，是**為了改善惡化的經濟環境，實現經濟成長**

之外，還有**達到充分就業**、**穩定物價**以及用來消除不公平的**所得與資產的重新分配，與避免破壞環境**等等。

為了實現以上的目的，經濟政策分為兩種，一種是「貨幣政策」，另一種則是「財政政策」。

「貨幣政策」是透過升降利率，或調整貨幣的數量，來調節景氣。舉例來說，政府在景氣不好的時候調降利率的話，企業或個人都會比較容易借得到錢，可望促進工廠投資、購置住宅等等的經濟活動。相反地，當景氣過熱時，政府就會調升利率，讓過熱的景氣降溫。

另一方面，**「財政政策」則是指改變公共投資或稅率**。例如：國家在景氣不好時興建水壩或橋梁，這些新工程便會產生勞動需求，因此便能增加雇用機會。而且不光建設公司，也會帶動與建設相關的周邊企業。

另外，只要政府降低稅率，相信也能刺激民眾進行消費。例如：**住宅貸款減稅**（註48）就是很好的例子。相反地，提升稅率也可以達到抑制消費的作用。我認識的人當中，就有人因為菸稅上漲，而戒掉抽菸的習慣。

（註48）**住宅貸款減稅**
全名為住宅貸款等特別扣除，當個人為取得或增改建住宅，而申請的房屋貸款滿足一定的條件時，即可從所得稅扣除（拿回已繳納的所得稅）該年年終的房屋貸款餘額的1%。

貨幣政策

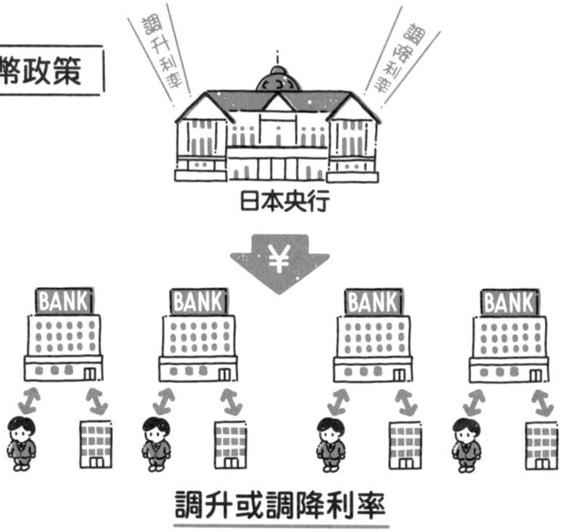
調升利率
調降利率
日本央行
¥
BANK
BANK
BANK
BANK
調升或調降利率

財政政策

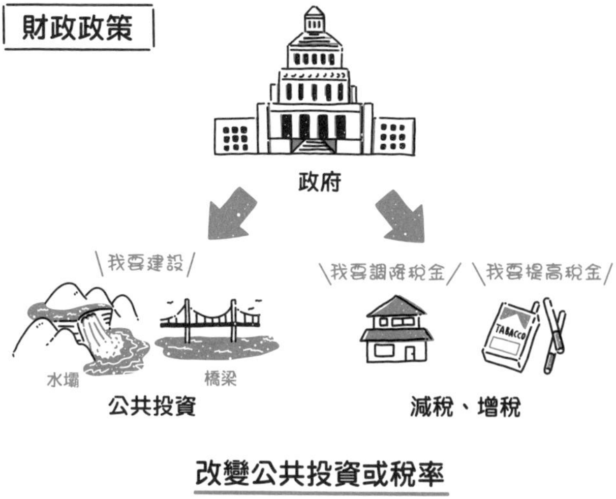
政府
\我要建設/
\我要調降稅金/
\我要提高稅金/
水壩
橋梁
TABACCO
公共投資
減稅、增稅
改變公共投資或稅率

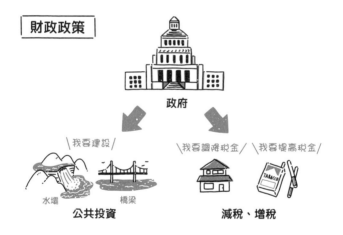

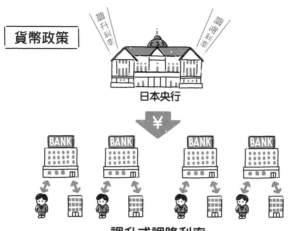

5sho 07

日圓升值、貶值與我們的關係

●何謂日圓升值、日圓貶值？

我們在看新聞節目時，不管是哪個節目，都會看見「在今天的紐約**外匯市場**（註49）上，日圓匯率走強，以1美元＝104・15日圓收盤，比前一營業日升值0・35日圓」等等的資訊。

日本使用日圓，美國使用美元，英國則使用英鎊，許多國家都像這樣擁有自己國家的流通貨幣。

這裡我想先讓你們確實理解的，就是「日圓升值與貶值」的概念。

話不多說，我們就直接來思考一下這個問題吧。這一個主題我準備了兩個問題，

（註49）**外匯市場**

交換（買賣）日圓、美元等不同貨幣的市場，總稱外匯市場，並不是指真正的交易所。

交易形態大致分為兩種，一種是個人或企業與金融機構之間進行的交易，另一種則是金融機構之間直接或間接透過外匯經紀商進行的銀行同業外匯交易。

每個問題都有兩個選項。問題都非常簡單，所以請各位都確定想出答案之後，再繼續往下閱讀。以下是第一個問題。

問題

當「1美元＝100日圓」變成「1美元＝80日圓」時，請問這是日圓升值還是日圓貶值？

1 **日圓升值**

2 **日圓貶值**

我因為父親工作的關係，從小就經常接觸跟經濟相關的資訊，但我在小學的時候，還是很不會判斷日圓升值跟日圓貶值。

我想，大概是因為我那時想從字面上的訊息，去思考**匯兌**（註50）的影響。但如果好好按照邏輯去理解的話，就算是小學生也不會覺得有什麼難的。

「想從字面上的訊息去思考匯兌的影響」，指的是當我們看見「1美元＝100日

（註50）**匯兌** 指不直接使用現金的支付。匯兌一詞在日本江戶時代才開始普及，例如：江戶與大阪的商人若要進行貿易，由於千里迢迢地把錢帶到交易地點實在太危險了，所以商人會把貨款交給兌幣商，並請兌幣商簽發約定付款的匯票，再以匯票進行貿易。

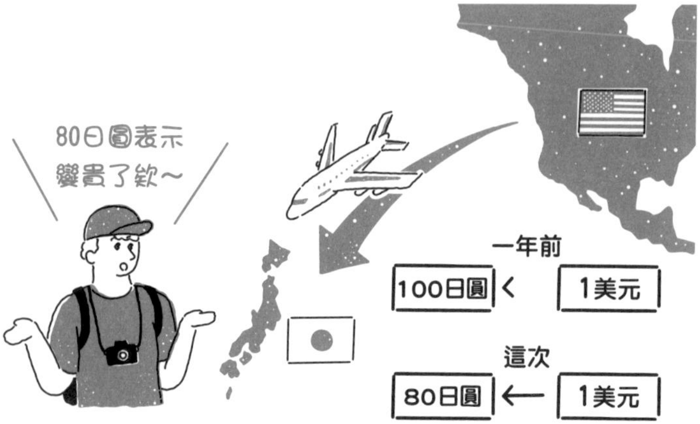

日圓升值＝日圓的價值提高

圓」變成「1美元＝80日圓」時，我們會因為日圓的數字變小，而不自覺地產生日圓變便宜的印象，而認為這樣子的情況是日圓貶值。

如果按照邏輯思考的話，就會是以下這樣。

美國人到日本之後，拿出1美金的話可以換到100日圓還是80日圓呢？

因此，當「1美元＝100日圓」變成「1美元＝80日圓」時，1美元換到的日圓減少了，也就是美元的價值減少，那這代表什麼意思呢？沒錯，就是日圓的價值增加。換句話說，答案就是①「日圓升值」。

日圓升值與貶值，哪個才有利呢？

那麼，各位知道為什麼沒有那麼多人要出國旅行，新聞卻幾乎每天都要播報外幣匯率的消息呢？

答案是因為匯率對於日本經濟而言具有舉足輕重的地位。匯率關係到本國貨幣與外國貨幣，所以各位應該可以想像得到，匯率對於與國外進行交易、投資海外的企業有多麼大的影響。

那麼，這裡要讓各位思考一下第二個問題。

問題

當日幣的匯率大幅下跌，例如：從「1美元＝80日圓」變成「1美元＝100日圓」，請問這樣的情況對於日本的出口企業而言，會形成助力，還是形成阻力？

1 **形成助力**

2 **形成阻力**

我想各位都已經懂得按照邏輯去思考外匯市場，所以說不定這一題對你們來說很簡單。

我們舉個例子吧。假設日本的汽車企業要將一台100萬日圓的汽車出口到日本。

如果匯率是「1美元＝180日圓」的話，那麼這台汽車到了美國就會變成1萬2500美元。

那如果是日幣貶值，「1美元＝100日圓」的話，這台汽車在美國的價格是多少呢？

答案是1台等於1萬美元。汽車的功能等等完全沒有變動，在日本國內販售的價格也沒有改變，但是受到外匯的影響，日幣貶值的話，日本商品在國外的販售價格就會變低。

如此一來，日本的產品在美國國內便具有價格上的競爭力，也就有機會比日幣升值時賣出更多產品。換句話說，這一題的答案是①形成助力。

美元兌日圓匯率的長期走勢

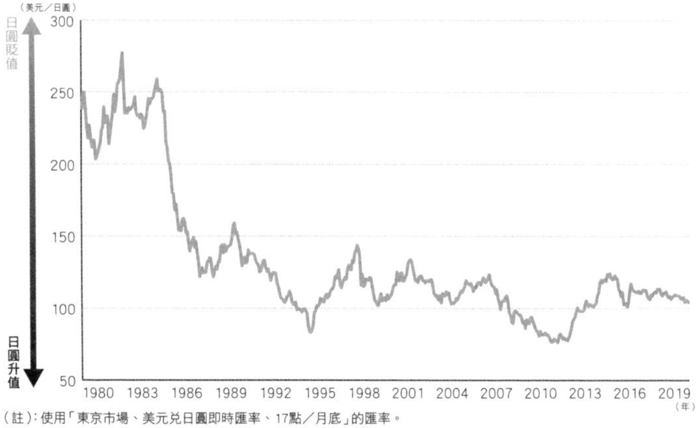

（註）：使用「東京市場、美元兌日圓即時匯率、17點／月底」的匯率。
（出處）：Manene股份有限公司根據日本央行的數據製圖。

●對我們的生活也會造成影響的外匯

匯率的波動不僅會影響到日本的經濟或企業的業績，也會對我們的生活帶來影響。最簡單易懂的例子就是出國旅行。當日幣升值的時候，出國旅行當然是比較划算的。

我們前面說過，**日幣貶值對於出口企業而言是助力**，但如果立場相反過來，當然也會出現相反的情況。換句話說，**日幣貶值的話，進口到日本的商品價格會上漲**。如此一來，我們買的東西就有可能變貴。因為雖然匯率跟國產品沒有關聯，但如果我們要買進口品的話，就會受到匯率的影響。

我們接著就來看一下匯率的長期走勢吧。

一九八五年左右，日幣急速地升值。一九八五年恰好也是我出生的年分，那年的九月發生了一件事，即是由於**廣場協議**（註51），造成幾個主要已開發國家的貨幣對美元大幅升值（日本即是出現劇烈的日幣升值）。

在這邊有一點我希望各位能夠注意，我們雖然說過，日圓貶值對於出口導向的企業而言是助力，但我希望各位**不要輕易地就覺得，日圓貶值就代表投資這些企業的股票保證會賺錢**。日幣貶值有利於出口導向的企業，這樣的想法確實沒有錯，但實際上這些企業都會採取各式各樣的因應手段，降低匯率的影響。

這麼做也是理所當然的吧。對於經營者來說，如果生產銷售的利益受匯率的影響而大亂，就算製作、販賣了有價值的商品，也會難以制定將來的事業計劃。

因此，就算按理來說，日幣貶值以後對於出口導向的企業是有利的，但實際上並不會讓匯率造成太大的影響，所以因日幣貶值就投資出口企業的股票，並不完全是「正確的判斷」。

（註51）**廣場協議**

由於美金兌換其他國價貨幣的匯率過高，為將美金導回適當匯率，五個已開發國家的財政部長和央行總裁在一九八五年九月於美國紐約的廣場飯店會晤，並簽署了廣場協議。廣場協議簽署後，美元兌日幣的匯率在一年左右的時間，就從1美元兌240日圓來到1美元兌150多日圓。

5sho 08

為什麼消費稅愈來愈高？

再度調漲的消費稅

在日本的GDP當中，民間消費占了將近6成的比例。而政府對於消費行為課徵的稅金（消費稅），已從二〇一九年十月起由8％調升為10％。

從不同的觀點來看，消費稅也可以說是一種對於消費行為的懲罰，所以只要消費稅增加，便會抑制人民的消費行為，最終會對景氣帶來不良影響。因此，有些人反對日本政府於二〇一九年十月實施消費稅增稅，但也有許多專家認為此次消費稅的漲幅小於上一波（5％↓8％），且同時引進了**減輕稅率**（註52）等等，帶來的不良影響並不會太嚴重，因此最後還是如期實施消費稅增稅。

（註52）**減輕稅率**
「酒類、餐飲設施內用之外的飲料食品」跟「每週發行二期以上並簽訂定期訂閱契約的報紙」的消費行為適用減輕稅率，實施消費稅增稅以後，消費稅仍維持在8％。例如：在便利超商購買飲料的消費稅外帶為8％，內用為10％。由於計算方式複雜，也引起熱烈的討論。

日本高齡化比率的推移

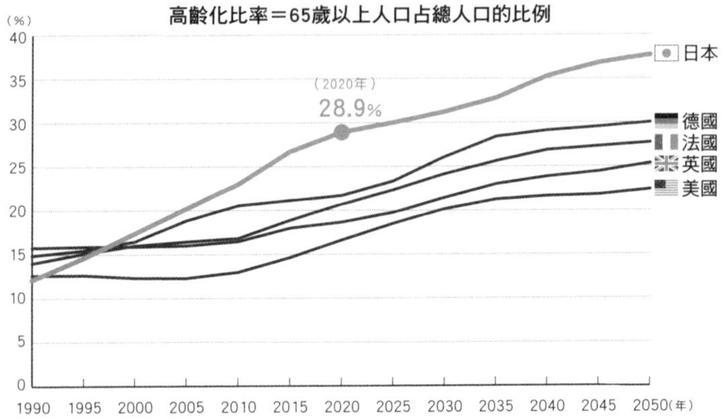

（出處）：日本的數據出自日本總務省「人口推移」、國立人口研究所「日本將來的推估人口（2017年4月推估）」，其他各國的數據出自聯合國「World Population Prospects 2019」。

日本自一九八九年實施消費稅，稅率訂為3%，後來在一九九七年增加到5%、二〇一四年增加到8%，接著就像上一段所說的一樣，於二〇一九年再度提高至10%。

我個人對於消費稅有許多看法，但為了不讓內容的立場偏頗，我就根據日本財務省的說明，來解說關於消費稅的概要。

運用於「社會保障」是消費稅最常被提到的徵收理由。社會保障可再分為年金、醫療、長期照護、育兒等，這些社會保障在國家的一般會計歲出當中大約占了三分之一，是國家最大的支出項目。

社會保障制度基本上是由保險金共同支撐。在公司上班的人，薪水的一部分就會撥給社會保險金。

但是，**光靠這些保險金已經不足以支撐現在的社會保障制度，而且負擔會全部都集中於青壯年人口的身上，因此以消費稅之名義徵收的稅金也會用來彌補社會保險金不足的部分**。

在日本財務省於二〇二〇年七月發表的手冊「為今後的日本思考財政」當中，就有一句「消費稅增稅後增加的收入部分，全數用於填補社會保障……」。

社會保障費用增加的原因，就在於日本的少子化與高齡化。以世界整體而言，日本高齡化的趨勢同樣是全世界最嚴重的。當高齡化的問題愈來愈嚴重時，社會保障費用也會持續增加，仰賴稅金或國債的部分也會愈來愈多。

日本的高齡化問題今後還會持續發展，到了二〇二二年時，所謂的「**團塊世代**（註53）」都已成為七十五歲以上的後期高齡者。有人主張這些高齡者一旦邁入七十五歲，每人平均醫療費或長照費用就會暴增，所以政府已經沒有多少時間可以去建立永續的社會保障制度；而且相較於歐洲動輒20%以上的消費稅率，日本現行的消費

（註53）**團塊世代**
出生於戰後嬰兒潮，曾經歷高度經濟成長期與泡沫化經濟時期，對於日本「茁壯成長」相當有感的世代。到了二〇二五年時，這個世代將有大量的人口成為七十五歲以上的高齡者，令人憂心社會保障費用將創新高（二〇二五年問題）。

各種稅收的推移

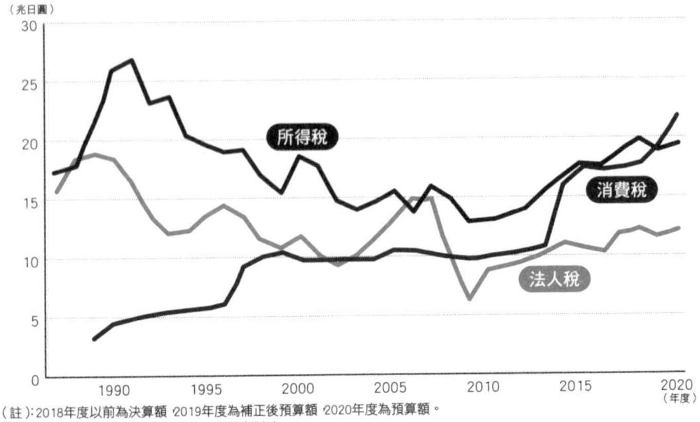

（註）：2018年度以前為決算額，2019年度為補正後預算額，2020年度為預算額。
（出處）：出自日本財務省「為今後的日本思考財政」。

稅率仍非常低。所以就以上所述的情況來看，日本今後還是相當有可能再次實施消費稅增稅。

消費稅能成為社會保障制度的財源，是因為消費稅的特徵就在於稅收不易受到景氣變化的影響，是政府穩定的稅務收入。

請各位建立起一個觀念，「消費稅為穩定財源」終究是徵收方的觀點，就納稅人的角度而言，消費稅則是一種不論景氣好壞，都會被徵收的稅金。消費稅不像我們在82頁介紹的所得稅，並不具備累進性，而且不論收入高低或資產多寡，每個人都還是要進行消費，所以對於低收入者或貧困階層的人來說，消費稅可說是一種相當不友善的稅制。

日本的財政狀況很不妙？

那麼，難道日本的財政狀況真的已經嚴重到不惜冒著景氣惡化的風險，也要實施消費稅增稅的地步嗎？我們在檢視一個國家的財政狀況時，有時會使用到一項指標，稱為「債務占GDP比」，而所謂的債務占GDP比，指的是一個國家的債務總額，與創造稅收的國內經濟規模（GDP）之間的比率。我們來比較一下日本與其他主要已開發國家的債務占GDP比，看看日本的財政狀況究竟如何吧。

在這之前，先考考你們一個問題。

問題

日本在二〇一七年的「債務占GDP比」是多少？

1 65・3％

2 105・9％

3 234・5％

給你們一點小提示，債務占ＧＤＰ比如果為１００％，就代表國家的債務總額與ＧＤＰ總額相同。

那麼，這題的答案是哪一個呢？

左圖是日本財務省根據ＩＭＦ的數據製作並公布的資料。

根據這份資料，可知正確解答為③２３４・５％。

換句話說，各位應該看得出來**日本的債務總額是ＧＤＰ的２倍以上，而且也看得出日本的數據遙遙領先其他工業大國吧**。除此之外，就算改成用政府的債務總額扣除持有金融資產（由國民的保險金組成的年金公積金等）之後的負債淨額來計算，日本的債務占ＧＤＰ比不僅位居七大工業國之首，更是全球之冠（１４９・８％）。

●實際狀況為何？

看著以上的內容及數據，就算心裡不希望政府實施消費稅增稅，但一想到日本的財政狀況遠比其他工業大國更加惡劣，可能還是會覺得政府只能出此下策。我以前在學校上課時，也是聽老師這麼教的，現在看電視上的經濟節目，或是日本幾大報

債務總額的國際比較（債務占GDP比）

世界排名（113個國家）

1	香港	0.1%
2	東帝汶	6.6%
⋮		
33	韓國	36.7%
⋮		
56	中國	46.1%
⋮		
85	德國	65.3%
⋮		
98	英國	86.2%
99	加拿大	90.5%
⋮		
101	法國	98.4%
⋮		
106	美國	105.9%
⋮		
110	義大利	134.1%
⋮		
113	日本	234.5%

※2017年的數據。

（出處）：日本財務省的資料。

主要工業大國的數據變化

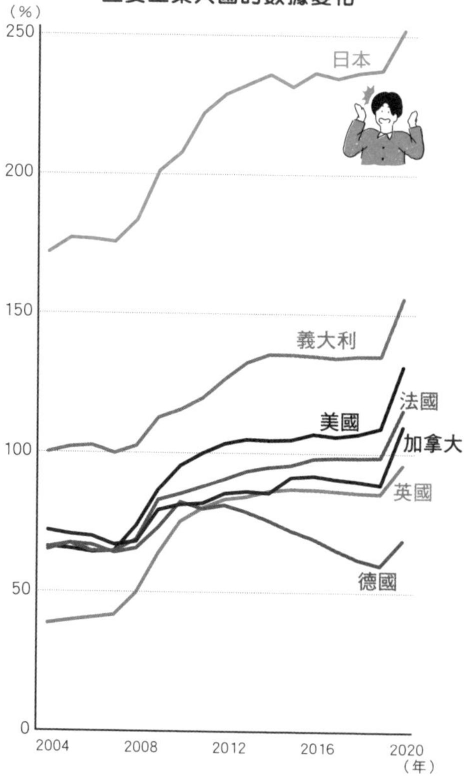

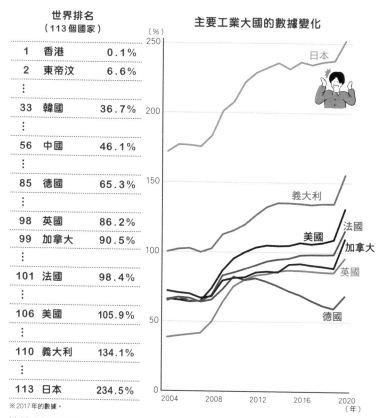

社的新聞報導，幾乎也都是這樣的論調，所以應該絕大多數的國民都是這麼認為的吧。

日本在二〇二〇年度最初預算的一般會計歲入總額為102·7兆日圓。如左圖所示，一般會計歲入由稅收與公債金（債務）構成。**約有三分之二的歲出總額可以靠政府的稅收應付，其餘的三分之一則是靠公債金（債務）填補**。

或許有人會覺得，既然可以靠公債的錢來應付，那政府何必提高稅率，直接舉債不就好了？不過，肯定也有「國家現在欠的債，都得靠下一代的人繳納稅金來償還，所以這麼做是把我們的負擔推給下一代的人」、「國家發行太多公債的話，我們國家的貨幣——日幣的價值就會暴跌，還會引起惡性通貨膨脹（激烈的物價上漲）」的反對意見。

我們既然不希望債留子孫，也害怕惡性通貨膨脹導致經濟崩潰，所以到頭來還是只能實施消費稅增稅。那麼，在下一個章節當中，我們就來看看這些從古至今的反對意見是否真的正確。

2020年度最初預算

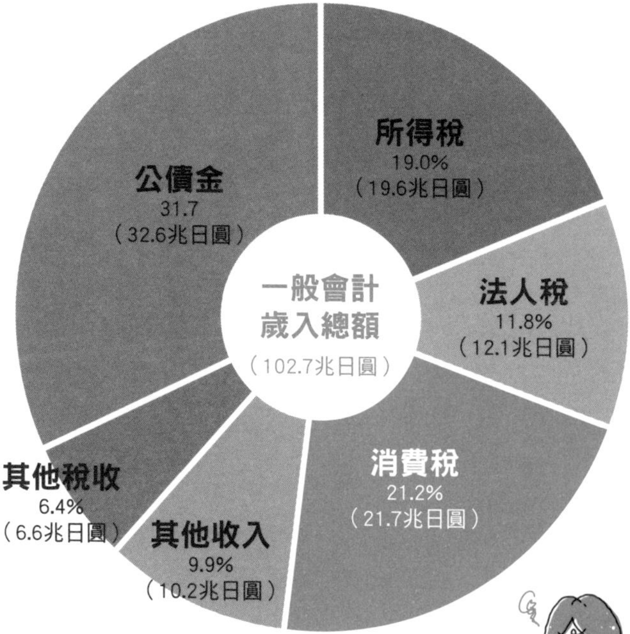

（出處）：出自日本財務省「為今後的日本思考財政」。

5 sho

09 國家的欠債，指的是什麼？

● 某人的虧損就是另一個人的盈利

我們在前一章節提過，許多人因為恐懼財政破產或惡性通膨，而認為應該要提高消費稅來填補日漸增加的社會保障費用。

實際上，不論是電視還是報紙，幾乎也都是相似的論調。舉例來說，各位應該經常聽到「**國家的債務（國債、借款、政府短期證券合計）於二〇二〇年十二月底達到1212兆4680億日圓**，創下史上最高的債務金額。截至二〇二〇年八月一日的總人口數為1億2333萬人，故每人平均背負約983萬日圓的債務」吧？

這句話在以算式來看並沒有問題，但各位不覺得似乎有點奇怪嗎？

	借　方	貸　方
資產	資產增加	資產減少
負債	負債減少	負債增加
淨資產	淨資產減少	淨資產增加
費用	費用增加	費用減少
收益（營收）	收益減少	收益增加

（出處）：作者製表。

我想，如果是畢業於商業高職學校的人、目前在公司的會計部門工作的人，或是自行管理帳本的自營業者與自由業者，應該更容易查覺到哪裡不對勁。

有些讀者可能不曉得我在說什麼，所以我們先稍微聊一下跟會計有關的內容。當我們按照簿記的知識來記錄我們的金流狀況時，一定是根據以下的規則分類帳目。

例如：當A某向B某借了100日圓時，由於A的負債多了這100日圓的借款，所以就要在右邊（貸方）的欄位裡記錄100日圓；另一方面，由於這100日圓匯到了A的帳戶，A的資產多了這100日圓的存款，所以也要在左邊（借方）的欄位裡記錄100日圓。

存款100日圓／借款100日圓

A某

借到錢的人（A某）就會像這樣分類帳目，但如果以B某的角度，也就是借款人的角度來看，由於他現在把錢借給別人，將來收到對方的還款以後，他就會產生債款的資產，但他現在的存款資產減少了，所以就會像下面這樣分類帳目。

債款100日圓／存款100日圓。

B某

「怎麼突然提到會計當中的簿記？」

各位的心裡或許會冒出這樣的疑問，但如果我們根據這種名為**複式記帳法**（註54）的會計觀念，就會注意到一件理所當然的事。那就是當某人形成資產時，某個地方也

（註54）**複式記帳法**
就像正文當中介紹的一樣，是一種在記錄金錢交易時將帳目為貸方與借方的記帳方式。與複式記帳法相反的記賬方式為單式記帳法，這是將收支都記錄在一個科目裡的記賬方式，家計簿、存摺、零用錢記帳本等皆屬於單式記帳法。

必定形成了負債。

我們言歸正傳，既然都說了「國家借的錢」就是國家的負債，那如果不聊一聊「國家的負債」成了誰的資產，各位不會覺得很奇怪嗎？

可能有些讀者看了複式記帳法以後還是不懂，那麼我就用更簡單明瞭的方式來解釋。簡單來說，當A某用100日圓向B某買了糖果以後，A某的錢包變少了100日圓，而B某的錢包則多了100日圓。這樣子講應該就會更容易理解了吧。

●是誰持有日本的公債？

那麼，我們重新再看一遍這句話。

「日本政府的債務為1212兆4680億日圓，總人口數為1億2333萬人，因此每一人平均背負約983萬日圓的債務」這句話以算式來看並沒有問題，但這樣講真的是對的嗎？

國家的債務通常指的是公債的未償餘額，既然國家發行了債券，就表示有人買走這些債券。換句話說，只要知道哪些人購買了這些債券，或許我們就能解開這幾個疑問。

那麼，接下來我要考考你們一個問題。

問題

在截至二〇二〇年九月底所發行的國債等（※）的未償餘額當中，日本銀行持有的比率大約是多少？

1 約10%

2 約25%

3 約45%

※「國庫短期證券」、「國債、財投債」的合計。領外，國債等除了一般政府（中央政府）發行的公債，也包含公營金融機構（財政融資資金）發行的公債。

順帶一提，日本銀行指的是日本的中央銀行，除了日本銀行之外，公債的持有者還有民營銀行、保險公司、年金基金、個人、海外投資人等等。

那麼，各位知道這題的答案了嗎？

國債等持有比例

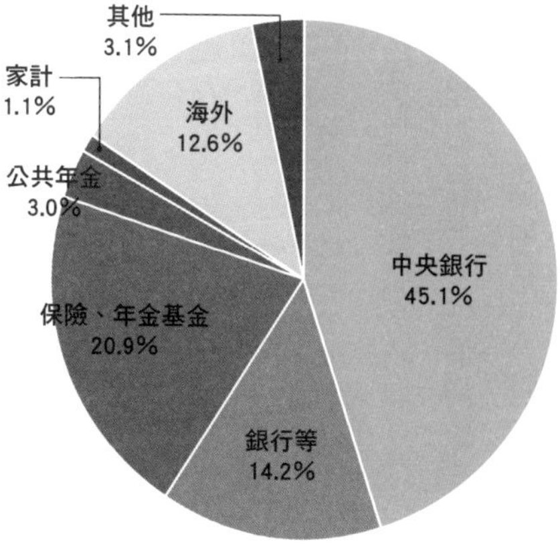

（出處）：Manene股份有限公司根據日本銀行「2020年第3季資金循環（速報）」的數據製圖。

左頁的圓餅圖是根據日本銀行公布的「資金循環統計」的數據，以百分比的方式呈現出公債持有者的比率。

根據這張圖表，我們可以知道正確答案是③約45%。

日本政府持有日本銀行55%的股份，換句話說，實際上政府算是日本銀行的母公司。就合併財務報表的角度來看，日本銀行持有的公債（資產）可以視為母公司（政府）的資產，再說了，難道日本銀行會違背政府的意思，將持有的國債拋售給其他人嗎？

我這麼一說，大概又有人要說海外投資人也可能一起脫手日本的公債，但海外投資人的持有比率只有一成多，而且就現況而言，只要他們出售這些公債，沒多久就會有其他的市場參與者來收購。

●財政破產雖然可怕……

我們在第5章的「商品的價格是如何決定的？」小節裡也說過，商品的價格取決於供給與需求達到一致的平衡點。倘若政府不打算提高稅率，靠稅收來彌補財政赤字，而是打算透過大量舉債來避免財政破產，那就會導致供給量過多，造成公債的價值暴跌。最後，日圓也會暴跌（日圓對外幣貶值）、進口商品的價格上漲等等，進而引起惡性通或膨脹。政府便是按照這樣的邏輯，正當化消費稅增稅的政策。只是，為了因應新冠肺炎疫情衝擊全球所造成的景氣惡化，日本政府在二〇二〇年的舉債金額創下歷史新高。

我們常以**「鱷魚的嘴巴大開」形容歲出多於稅收，但這張圖便可看出日本在二〇二〇年大量舉債，這隻鱷魚豈止張大嘴巴，根本就已經嘴巴裂開、下顎脫臼。**

話說回來，日圓真的暴跌了嗎？

日本的財政狀況

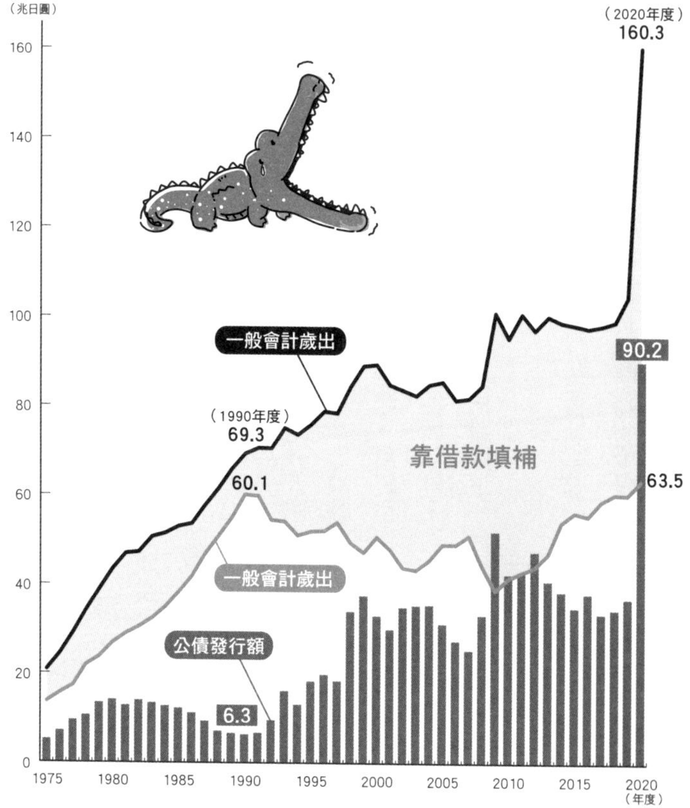

（註1）：2018年度以前為決算額，2019年度為補正後預算額，2020年度為第2次補正後預算額。
（註2）：2019年度、2020年度的數據包含「臨時、特別籌措」的數據。
（註3）：此圖為省略圖，其他收入皆省略未記。

（出處）：出自日本財務省「為今後的日本思考財政」。

日本真的發生惡性通貨膨脹了嗎？
日圓在二〇二〇年底時隔四年終於再度升值，達到1美元＝103日圓左右的水準，而消費者物價指數的去年同月比率依舊持續負成長，所以起碼就現在的狀態而言，別說是惡性通貨膨脹了，更應該擔心的反而是會不會再次進入通貨緊縮的狀態。

因為不希望債留子孫，日本政府不舉債、不把錢用於國民，並減少公共投資，結果二〇二〇年新型冠狀病毒疫情肆虐日本，造成醫療資源吃緊，許多國民都染疫身亡，還有許多人因景氣惡化陷入經濟困難，最終也走上絕路自殺。

尤其是因為經濟困難而自殺的人以女性與年輕人居多。國家為了不債留子孫，結果這一代的年輕人變得愈來愈少，間接抹殺掉下一代的出現，這會不會成為了一項矛盾的政策呢？

本書的目的是為了讓讀者培養對於金錢的素養，所以我無意在此主張個人的意見。前一章節與本章節都是根據日本財務省或日本銀行的數據如實陳述的內容。至於國家至今為止的政策是否正確，那就要麻煩各位自行思考了。

COLUMN

國家的欠債就算不償還也沒關係嗎？

MMT（現代貨幣理論）風潮來襲？

近年來，MMT這一套經濟理論備受注目。MMT為Modern Monetary Theory的縮寫，中文譯為「**現代貨幣理論**」。只是，MMT備受注目並不是因為人們覺得它偉大，而是因為許多人覺得MMT是一套荒謬的經濟理論，而成為眾人抨擊的目標。

為各位介紹MMT的兩項主張。

MMT的第一項主張認為，政府若採用浮動匯率制，且能夠發行本國貨幣，則政府**以本國貨幣支出的能力將不受約束，而且也不會面臨違約（債務不履行）的風險**。簡單來說，對於採用浮動匯率制，而且可以發行本國貨幣——日圓的日本政府來說，就算發行再多以日圓為計價單位的公債，也不會發生債務不履行的情況。

不曉得為什麼一提到MMT，都只有這一項主張比較容易被拿來討論，而MMT還有第二項核心主張，那就是**「就業保障計畫（JGP，Job Guarantee Program）」**的政策方案。

MMT以充分就業為目標，JGP就是一項相當直截明瞭的政策。

「充分就業」指的是有工作意願的人完全就業的狀態。這裡指的是無人處於「非自願性失業」的狀態，但並不表示失業率等於零。因為，除了「非自願性失業」以外，還有人是因為轉換工作而處於「摩擦性失業」，或是因為不滿意就職條件而未就業的「自願性失業」。

JGP指的是「可發行本國貨幣的政府具備無限的支出能力，因此政府可無限制地以一定的薪資提供就業機會」。JGP之所以出色，是因為它不僅是一項用來達成充分就業的政策，更是具備勞動力「緩衝庫存（Buffer stock）」的作用。

為什麼會這麼說呢？一般來說，只要景氣惡化，失業人口就會增加，但這時只要失業的人參加JGP，就可以解決失業問題；相反地，當景氣變好的時候，民間企業只要開出比JGP更優渥的薪資條件，就可以從JGP的緩衝庫存當中把勞動力搶過來。換句話說，**透過JGP支付的薪資總額（財政支出）在景氣惡化時會增加，景氣好轉時則會減少，擁有像內在穩定器一樣的功能**。

我的說明非常簡潔，所以光靠上面的內容，各位還是會覺得搞不太懂MMT，MMT不僅在日本備受注目，在全世界更是如此。不過，就像我在前面說的一樣，許多人並不認為MMT是一套偉大的經濟理論，反而抨擊它是一套荒謬至極的理論。

學習辯論方式的機會

想要更了解MMT的讀者，不妨參考一下敝人的著作《MMT將拯救日本》（暫譯），看著關於MMT的各種爭議，我覺得每個人都應該要學會如何去辯論。或許，這才叫做提升素養。

例如：在批評MMT的意見當中，「MMT認為國家就算發行再多的公債，也不會引起惡性通貨膨脹」就是最具代表性的意見之一。

不過，這項批評並不成立。因為MMT根本就不是這樣主張的。MMT其實是主張政府在**景氣惡化時就要進行財政支出**，並不會因為財政虧損就認為要減少財政支出；在接近**目標的通膨水準的階段就要減少財政支出**，並不會因為財政盈餘而增加財政支出。MMT主張政府的一切財政政策都是根據景氣狀況來進行調整。

這樣的理論被稱為**功能性財政理論**，當總需求不足，形成失業問題時，政府就要擴大支出或減稅來刺激總需求；當政府已經解決總需求不足或失業的問題之後，面臨通貨膨脹過熱的局面時，就應該要透過縮減支出或增稅來抑制總需求。所以，MMT理論隻字未提「發行再多公債也沒問題」等等，根本就不存在爭議。

其次常見的反對理由，則是「既然MMT是對的，那就人民就不需要繳稅金，所以我們會變成一個無稅的國家」。關於這一點，現在在YouTube的網站上還看得到某位知名人士之前高談闊論的影片，不過，這種程度的反對意見根本連爭議都談不上，就算要提出批評，也應該先對MMT有所了解才對。

ＭＭＴ建立於**稅收驅動貨幣的理論**之上。這項理論主張我們**如今能把這些無法跟黃金等貴重金屬交換的法定貨幣當成錢使用，是因為國家承認這些紙幣是納稅的手段**。所以，若有人以無稅國家這個否定稅收存在的角度去批評ＭＭＴ的話，無疑是讓所有人都知道自己壓根不瞭解ＭＭＴ。

ＭＭＴ雖然毀譽參半（非議明顯地更多），但我認為可以先把ＭＭＴ當成是一種思維模式來學習。不光是ＭＭＴ，很多事情都是一樣，要記得不論是支持也好，反對也罷，都要好好地親自閱讀書籍，獲得相關知識，並且去進行考察，如果沒有經過這些步驟就大放厥辭，那真的是一件非常可恥的行為。

結語

嶄新的金融觀念

●金融觀念也一直在改變

最後，我要以一段看似與金融毫無關聯的話題開始我的結語。

從前，人們都認為地球是宇宙的中心，太陽、月亮以及其他星球都是繞著地球運轉。這樣的觀點稱為「地球中心說」。

人們一直相信這套地球中心說的觀點，長達一千四百年之久，但哥白尼認為「地球與其他的星球是繞著太陽運轉」的觀點能更簡單地說明星球的運行，並且提出了「日心說」。只是，當時沒有多少人願意接受這套日心說。

直到十七世紀時發明了望遠鏡，伽利略透過望遠鏡觀察以後，才證實了日心說，但當時教會的神職人員不願意接受這樣的說法，導致伽利略三番五次地遭受宗教審判。

在各位讀者當中，應該有人曾在書上或課堂上看過、學過這段內容。而且或許還有人的看法是「當時的技術還不夠進步，也沒有網路可以查資料，所以誤信這些錯誤的觀念也是在所難免的」等等。

不過，我猜許多人應該都覺得：「現代人怎麼可能還像以前那樣，隨隨便便地就接受錯誤的言論。」說不定還有人覺得：「在人才濟濟的金融及經濟的世界裡，經常有人提出普通人想不到的先進且專業的理論，絕對不可能發生這種老掉牙的情況。」

不過，讀到這裡的讀者可能已經注意到，關於金融的觀念也已經出現了好幾個跟地球中心說與日心說有異曲同工之妙的情況。

存款的創造並不是來自資金的進入，而是出自於貸款的撥放。

我們一直以為只要調降利率，就能吸引個人或企業向銀行貸款，促進投資或消費，但實際上並沒有這麼一回事。

我們一直以為日本政府發行大量公債會造成日幣的價值暴跌，形成惡性通

貨膨脹，但即使政府在一年內發行了100兆日圓以上的公債，日圓的價值也沒有暴跌，反而還出現了通貨緊縮。

這些發生在現實當中的事情都跟我以前學到的內容不一樣，讓我感到很不可思議，就好像一直相信地球中心說的人透過望遠鏡親眼觀測，才驚訝地發現所見的景象與地球中心說完全相反。

●活在當下的我們最應該做的事情

自泡沫經濟崩壞以來，日本經濟進入了所謂的「失落的三十年」的低成長時期。

我在寫這本書的時候已經三十六歲，所以也代表自我懂事以來，我就一直活在這個「失落」的時代裡。「失落」一詞是與過去相較之下的形容，因此對於沒有從前的經驗可以比較的我來說，當時並不覺得日本經濟衰退得如此嚴重。

但自從出了社會以後，我飛往那些每年經濟都穩健成長的亞洲新興國家工作，與生性樂觀，相信「現在的薪水雖然低，但只要努力工作，將來的薪水一定會愈來愈多」的同事們共事的過程中，一旦切實地感受到「這難道就是所謂的經濟成長」，就不得不相信「現在的日本經濟真的停滯不前」。

為什麼明明優秀的人才都成了政治家或經濟學家，卻對這「失落」的三十年間不聞不問呢？不，或許更正確來說，這些優秀人才其實已經採取行動因應，只是未能力挽狂瀾，並非他們袖手旁觀。

這個問題的答案之一，會不會就是因為政府根據錯誤的觀念，決定了錯誤的政策呢？

那麼，這裡來考考你們一個問題。這是最後一個問題了，所以我決定這一題的形式不採用選擇題，改成讀完題目之後要自行思考答案的問答題。看完問題以後先不要急著繼續往下看，請好好地回想我們目前學過的內容，動腦思考一下。

問題

假設你身在決定國家政策的位置上，你會推行什麼樣的政策，讓「已失落三十年」的日本經濟再度復甦？

各位覺得這個問題如何呢？有點困難嗎？順帶一提，雖然我說要考考你們，但這一題並沒有標準解答。

或許誰都不曉得哪個答案才會是正確解答。

日本長期以來的通貨緊縮一直為人詬病，日本銀行為了擺脫通貨緊縮，推行了各種政策，經濟卻又遭受新冠肺炎疫情的衝擊，再度陷入通貨緊縮。

日本政府的當務之急就是擺脫通貨緊縮，只是，從日本銀行持續實施異次元緩和的貨幣政策來看，日本政府可以打出的牌已經所剩無幾了。雖說貨幣政策已無計可施，就應該實施積極的財政政策，但這樣做又要面臨緊縮性財政的大難題。

「日本會財政破產，引起惡性通膨，我們會不會債留子孫？」過去的三十年來，就是考量到這樣的意見，才未能推行積極的貨幣政策。然而，二〇二〇年的日本真的出現巨額財政赤字，但既沒有發生財政破產，也沒有出現日圓劇烈貶值或惡性通膨的情況。

許多專家在提出財政破產論時都以戰後的德國、日本、希臘等國家為例，但現在根本就不可能會像戰後的德國那樣被其他國家求償鉅額的賠償金，工廠等等的生產力也不會像日本那樣遭受戰爭破壞。而且，日本跟目前的希臘所處的環境也不一樣，希臘由於入歐而無法發行本國貨幣，只能發行以外幣為計價單位的債券籌措資金。

只要愈來愈多人像這樣好好地去了解歷史事實，改變長久以來習以為常的錯誤觀念，具備更有彈性、更靈活的思維，那麼日本應該就會有所不同了吧。

●身為日本國民的價值觀

這本書從節約、資產運用等個人層面的話題，一路談到了國家應該推動怎樣的政策等等國家級別的話題。

內容橫跨的幅度相當大，所以或許各位還是有一些部分不是很明白，但所有內容的共通點都是與「金錢」相關。日本人從以前就會不自覺地迴避跟金錢有關的事情，但只要我們去了解金融問題，最後就會去思考日本這個國家。

金錢具有讓人瘋癲的魔力，同時也能夠解救貧困的人。而發行這些錢的，正是國家。在歐洲採用歐元作為共同貨幣時，我記得當時還出現了許多贊同聲浪，認為這是世界統一的前哨，我卻認為一個國家捨棄了發行本國貨幣的權利，是一件相當危險的事情。不曉得讀到這邊的各位讀者有怎樣的看法呢？

新冠肺炎疫情的肆虐讓許多人變得窮困，在這之中，有些政策建立在錯誤的觀念之上，而導致了許多本來應該要獲救的生命逝去。我這樣講可能有點奇怪，但我認為也多虧新冠肺炎，才讓我們有機會去重新思考在這失落的三十年間備受推崇的全球化、資本主義等觀念「是否真的正確」。

在金融的世界裡，出現了許多至今為止以為是常識，結果卻是錯誤觀念的情況。若每位讀者都能透過這本書，學會正確的金融知識並提升金融教養，或許就是踏出了引導日本這個國家邁向更好的第一步。我的內心懷抱著這樣的期盼。那麼我的話就到這裡了，非常感謝閱讀到最後的每一位讀者。

二〇二一年四月　森永康平

●内閣府「昭和52年年次経済報告（経済白書）」
https://www5.cao.go.jp/keizai3/keizaiwp/wp-je77/wp-je77-02202.html

●内閣府「令和元年版高齢社会白書」
https://www8.cao.go.jp/kourei/whitepaper/w-2019/zenbun/01pdf_index.html

●日経ビジネス
https://business.nikkei.com/

●日本銀行「教えて！　にちぎん」
https://www.boj.or.jp/announcements/education/oshiete/

●日本経済新聞
https://www.nikkei.com/

●日本経済団体連合会
https://www.keidanren.or.jp/

●日本の人事部「人事辞典」
https://jinjibu.jp/keyword/

●野村證券「証券用語解説集」
https://www.nomura.co.jp/terms/

●野村総合研究所 ニュースリリース
https://www.nri.com/jp/news/newsrelease/lst/2020/cc/1221_1

●博報堂生活総合研究所「未来年表」
https://seikatsusoken.jp/futuretimeline/

●ビジドラ
https://www.smbc-card.com/hojin/magazine/bizi-dora/

●プレジデントオンライン
https://president.jp/

●マネー現代
https://gendai.ismedia.jp/money

●読売新聞オンライン
https://www.yomiuri.co.jp/

●auじぶん銀行「為替のきほん」
https://www.jibunbank.co.jp/guidance/basic_of_exchange/

●SMBC日興証券「初めてでもわかりやすい用語集」
https://www.smbcnikko.co.jp/terms/

●Web担当者Forum
https://webtan.impress.co.jp/

【STAFF】
本文設計、DTP：辻井 知（SOMEHOW）
本文插圖：gida_gida

註記參考網站

- 朝日新聞DIGITAL
  https://www.asahi.com/
- 尼崎信用金庫「世界の貯金箱博物館」
  https://www.amashin.co.jp/sekai/
- 大阪府警察「特殊詐欺にご注意！」
  https://www.police.pref.osaka.lg.jp/seikatsu/tokusyusagi/
- 外務省
  https://www.mofa.go.jp/
- 銀行員.com
  http://www.ginkouin.com/
- 金融審議会 市場ワーキング・グループ報告書「高齢社会における資産形成・管理」
  https://www.fsa.go.jp/singi/singi_kinyu/tosin/20190603/01.pdf
- 国税庁
  https://www.nta.go.jp/
- 公益社団法人 2025日本国際博覧会協会
  https://www.expo2025.or.jp/
- 厚生労働省「介護分野をめぐる状況について」
  https://www.mhlw.go.jp/content/12300000/000608284.pdf
- 財務省「教えてコクサイ先生」
  https://www.mof.go.jp/jgbs/individual/kojinmuke/oshiete/
- 財務省「日本の財政を考える」
  https://www.mof.go.jp/zaisei/aging-society/
- 総務省統計局「家計調査　用語の解説」
  https://www.stat.go.jp/data/kakei/kaisetsu.html
- 大和証券「金融・証券用語解説集」
  https://www.daiwa.jp/glossary/
- 宝くじ公式サイト
  https://www.takarakuji-official.jp/
- 東洋経済オンライン
  https://toyokeizai.net/
- 独立行政法人 労働政策研究・研修機構「早わかり　グラフでみる長期労働統計」
  https://www.jil.go.jp/kokunai/statistics/timeseries/index.html
- ドラえもんチャンネル
  https://dora-world.com/
- 内閣府「安倍内閣の経済財政政策」
  https://www5.cao.go.jp/keizai1/abenomics/abenomics.html

作者簡介

森永康平

金融教育新創企業「Manene股份有限公司」的執行長，也是經濟分析師。曾於證券公司、投信公司擔任分析師、戰略軍師，從事研究業務。後於印尼、台灣、馬來西亞等亞洲各國，成立法人及新企業，歷任各公司的執行長與董事。現今亦兼任數間新創企業的財務長或營運長。日本證券分析協會檢定會員。著作有《いちばんカンタン つみたて投資の教科書》（あさ出版）、與父親森永卓郎共同著作的《親子ゼニ問答》（新書／KADOKAWA），以及《MMTが日本を救う》（新書／宝島社）等書籍。

Twitter : @KoheiMorinaga

社會人的金融經濟通識課

出　　版／楓葉社文化事業有限公司
地　　址／新北市板橋區信義路163巷3號10樓
郵政劃撥／19907596　楓書坊文化出版社
網　　址／www.maplebook.com.tw
電　　話／02-2957-6096
傳　　真／02-2957-6435
作　　者／森永康平
翻　　譯／胡毓華
責任編輯／王綺
內文排版／楊亞容
校　　對／邱怡嘉
港澳經銷／泛華發行代理有限公司
定　　價／380元
出版日期／2022年4月

國家圖書館出版品預行編目資料

社會人的金融經濟通識課 / 森永康平作；胡毓華翻譯. -- 初版. -- 新北市：楓葉社文化事業有限公司, 2022.04　面；　公分

ISBN 978-986-370-406-5（平裝）

1. 金融學

561.7　　111002356